くもんの小学ドリル
がんばり1・2年生 学しゅう記ろくひょう

名前
なまえ

1　2　3　4　5

9　10　11　12　13　14　15　16

17　18　19　20　21　22　23　24

25　26　27　28　29　30　31　32

33　34　35　36　37　38　39　40

41　42　43　44

あなたは
「くもんの小学ドリル　1・2年生　プログラミング」を、
さいごまでやりとげました。
すばらしいです！
これからもがんばってください。

1さつ　ぜんぶ　おわったら、
ここに　大きな　シールを
はりましょう。

おうちのかたへ 監修者より

　2020年の学習指導要領改訂にともない、小学校てのプログラミング教育が必修となりました。私たちの生活がコンピュータによって支えられていることに気付き、身近な問題解決のためにプログラミングを活用したり、より良い社会を築こうとしたりする態度を育むのがプログラミング教育の目的の1つてす。そのために全国の小学校では、様々なプログラミング授業が行われるようになってきました。

　しかしながら小学校低学年の学習指導要領には、プログラミング授業を実施する教科や時数などの規定はありません。そのため、小学校低学年でプログラミングを学ぶ機会はほとんどないのが現状です。だからこそ、低学年のうちからプログラミングの基本的な考え方に親しみ、コンピュータへの理解を深めておくことは、将来本格的なプログラミング学習に取り組むための準備としてとても重要であると言えます。

　本書は、低学年の子どもたちが自主的・主体的にプログラミングの基礎を学ぶことのできる内容で構成されています。本書が、一人ても多くの子どもたちが興味・関心をもってプログラミングに向かうきっかけとなってくれることを願っています。

profile：松田 孝（まつだ・たかし）

合同会社 MAZDA Incredible Lab 代表。東京学芸大学教育学部卒業。上越教育大学大学院修士課程修了。早稲田大学大学院教育学研究科博士後期課程任意退学。東京都公立小学校教諭、指導主事、指導室長を経て、東京都の小学校3校て校長を歴任。2019年3月に辞職し、同年4月に合同会社 MAZDAIncredibleLab を設立。総務省地域情報化アドバイザー、群馬県教育イノベーション会議委員、金沢市プログラミング教育ディレクター等も務める。著書に『学校を変えた最強のプログラミング教育』『IchigoJam ててきるテキストプログラミングの授業』（共にくもん出版）などがある。

プログラミングってどんなもの？

わたしたちの べんりな くらしは、コンピュータなしには なり立ちません。これからも、コンピュータを つかった 新しい モノや サービスが どんどん生まれます。そのため、コンピュータの しくみを 学び、それらを うごかすための 考え方を 知ることは、この社会を 生きる すべての 人にとって大切な ことです。

コンピュータを うごかすには、人間の ことばを コンピュータの ことばにおきかえて めいれいします。この めいれいの ことを 「プログラム」といい、プログラムを 書くことを 「プログラミング」と いいます。

プログラムは、「じゅんじ」「くりかえし」「ぶんき」と いう 3つの きほんのうごきを 組み合わせて 作ります。この 本では この 3つの うごきの考え方に くわえて、プログラムを 作るときに かかせない 「へん数」の考え方を 学び、「コンピュータへの めいれい」を 楽しく たいけんします。

じゅんじ

めいれいされた
じゅんばん通りに うごく

れい　サンドイッチを
作る うごき

```
  はじめ
    ↓
パンを 1まい
  おく
    ↓
ハムと チーズを
  のせる
    ↓
パンを 1まい
  のせる
    ↓
  おわり
```

くりかえし

同じ うごきを
くりかえす

れい　まどそうじを
する うごき

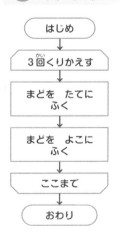

```
  はじめ
    ↓
3回くりかえす
    ↓
まどを たてに
  ふく
    ↓
まどを よこに
  ふく
    ↓
 ここまで
    ↓
  おわり
```

ぶんき

じょうけんによって つぎの
うごきを かえる

れい　長ぐつを はくか
きめる うごき

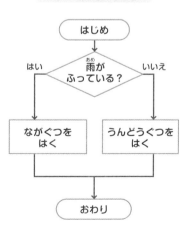

```
        はじめ
          ↓
  はい ← 雨が → いいえ
       ふっている？
   ↓              ↓
ながぐつを     うんどうぐつを
 はく            はく
   ↓              ↓
        おわり
```

月　日　　時　分〜　時　分

名前

点

1 あ〜えの　つみ木を　かさねます。あとの　もんだいに
答えましょう。

[1もん 10点]

あ　　　　　　　　い　　　　　　　　う　　　　　　　　え

 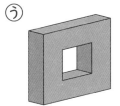 

① つぎの　形に　するには、どの　じゅんに　かさねれば
いいですか。（　　）に　記ごうを　書きましょう。

（　　　　　→　　　　→　　　　→　　　　　）

② つぎの　形に　する　じゅんとして　正しい　ものは
どれですか。（　　）に　○を　つけましょう。

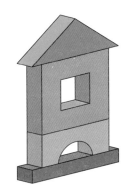

・あ → い → う → え （　　）

・え → あ → う → い （　　）

・え → う → い → あ （　　）

2 あ～おの ブロックを かさねます。つぎの 形に するには、どの じゅんに かさねれば いいですか。（　）に 記ごうを 書きましょう。
[20点]

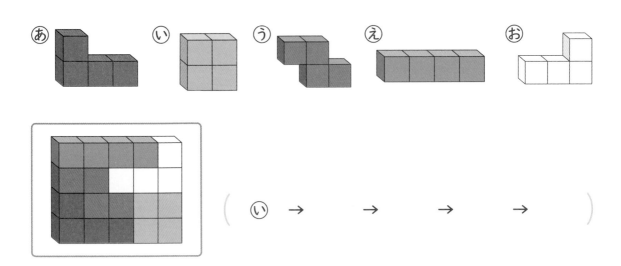

(い → 　　 → 　　 → 　　 → 　　)

3 大きさと 形の ちがう 図形カードを かさねて もようを 作ります。つぎの もようを つくる とき、かさねる じゅんとして 正しい ものは どれですか。（　）に 〇を つけましょう。
[1もん 30点]

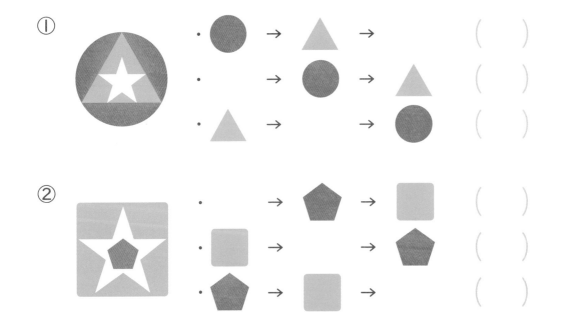

名前

月 日　時 分〜 時 分

点

1 手を あらう 手じゅんに なるように、あ〜えの カードを ならべます。手を あらう 手じゅんとして 正しい ものは どれですか。（　　）に 〇を つけましょう。　　　　　　　[25点]

あ
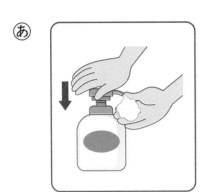
手に せっけんを のせる

い
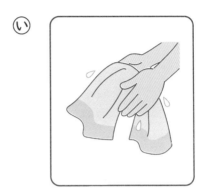
タオルで ふく

う

せっけんを 水で ながす

え
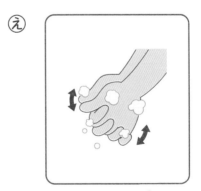
せっけんで 手を もみあらう

・あ → う → え → い　（　　）

・あ → え → う → い　（　　）

・う → あ → え → い　（　　）

2 ロボットに めいれいして、つぎの 食べものを カードの
絵のように 作ります。どの じゅんで めいれいすれば
よいですか。（ ）に 番ごうを 書きましょう。　　　[1もん 25点]

てんぷらうどん

・てんぷらと ねぎを のせる　　（　2　）
・うどんと つゆを 入れる　　　（　1　）

① あんバタートースト

・トーストを おく　　　（　　）
・バターを のせる　　　（　　）
・あんこを のせる　　　（　　）

② カツカレー

・カレーを かける　　（　　）
・ごはんを もる　　　（　　）
・カツを のせる　　　（　　）

③ コロッケサンド

・ソースを かける　　　　　　　　　（　　）
・コロッケと キャベツを はさむ（　　）
・パンに 切りこみを 入れる　　（　　）

1 車の　ロボット  が、ブロックの　めいれい通りに　すすみます。
➡は、ロボットの　むきを　あらわします。

> **ブロックの めいれい**

前に　１マス　すすむ　　その場で　右を　むく　　その場で　左を　むく

> **みほん**

ブロックを　下のように　ならべると、
ロボットは　右のように　すすみます。

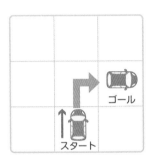

ロボットが　つぎの　めいれい通りに　すすむ　とき、ゴールの
マスには　何が　ありますか。（　　）に　〇を　つけましょう。

[１もん 20点]

①

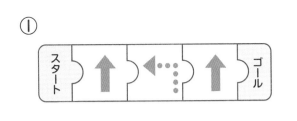

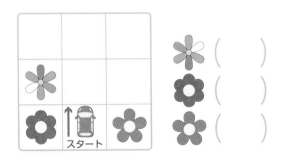

②

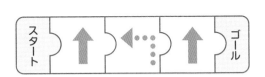

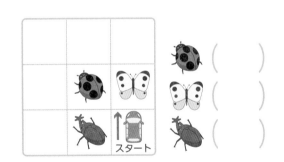

© くもん出版

カメの ロボット 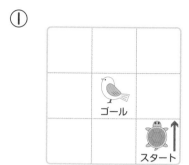 が、ブロックの めいれい通りに
すすみます。小鳥 の いる マスまで すすむには、
ブロックを どのように ならべると よいでしょう。正しい
ものに ○を つけましょう。

[1もん 20点]

①

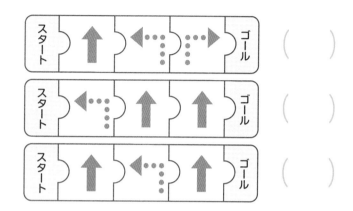

②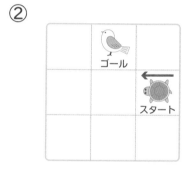

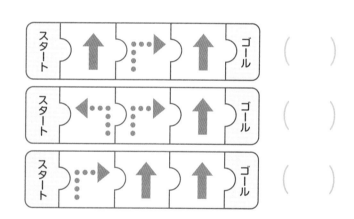

③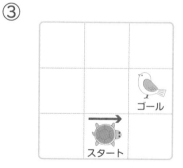

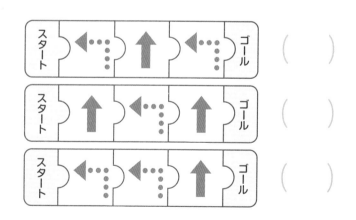

月　日　時　分〜　時　分

名前

点

1 カメの　ロボット  が、ブロックの　めいれい通りに
すすみます。つぎの　マスまで　すすめたい　とき、ブロックを
どのように　ならべると　よいでしょう。あいている　ところに
入る　ブロックの　（　　　）に　○を　つけましょう。
ただし、🚫や　▨▨　が　ある　ところは　通れません。

［1もん 12点］

① ぶた 🐷 の　マス

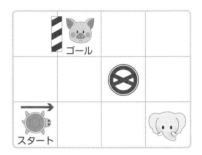

② テントウムシ 🐞 の　マス

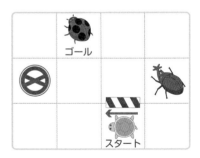

③ ピンクの　花 🌸 の　マス

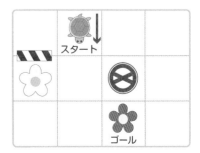

2 車の ロボット  が、ブロックの めいれい通りに すすみます。
つぎの マスまで すすめたい とき、ブロックを どのように
ならべると よいでしょう。あいている ところに
矢じるし(↑、⌐→、←⌐)を 書きましょう。
ただし、⊗ や ▨ が ある ところは 通れません。 [1もん 16点]

① 赤い 花 🌺 の マス

② さる 🐵 の マス

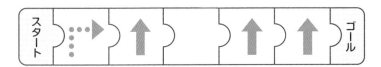

③ りんご 🍎 の マス

④ びょういん 🏥 の マス

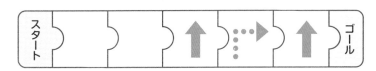

5 じゅんじ⑤

　右の　ように、　ものごとの　ながれや
みぎ
めいれいの　手じゅんを　図形で
て　　　　　　　　　　　　ずけい
あらわした　ものを　「フローチャート」と
いいます。
　じゅんばんに　ものごとを　じっ行する　ことを
こう
「じゅんじ」と　いい、フローチャートは、
右のように　上から　下へ　あらわします。
みぎ　　　　　うえ　　　した

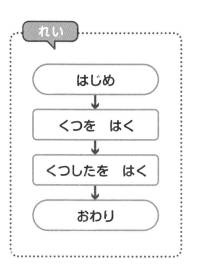

1 じどうドアが　うごく　しくみを　あらわす　フローチャートに
　　なるように、下の　（ア）・（イ）から　記ごうを　えらんで、
　　　　　　　した　　　　　　　　　　　き
　　①・②の　▢の中に　書きましょう。
　　　　　　　　　なか　　か　　　　　　　　　　　〔1もん 20点〕
　　　　　　　　　　　　　　　　　　　　　　　　　　　　てん

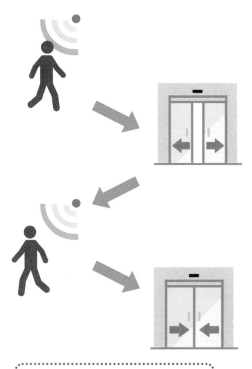

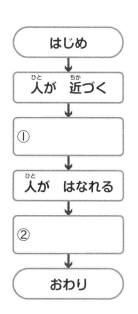

（ア）　ドアが　しまる
（イ）　ドアが　あく

やきそばの　作り方を、フローチャートで　あらわします。
正しい　手じゅんに　なるように、下の　(ア)〜(ウ)から
記ごうを　えらんで、①〜③の　□　の　中に　書きましょう。

[1もん 20点]

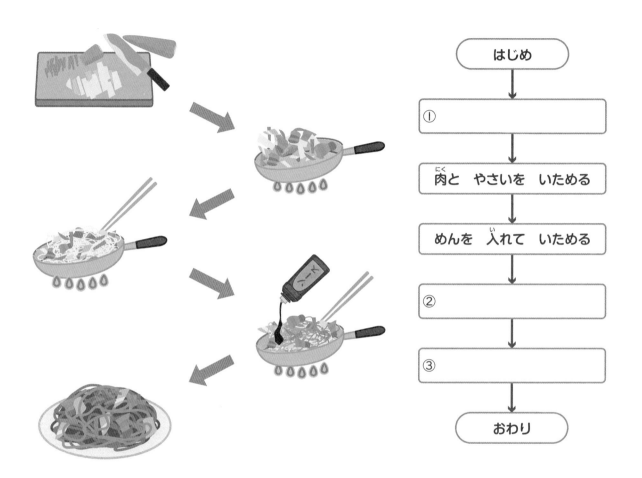

はじめ

①

肉と　やさいを　いためる

めんを　入れて　いためる

②

③

おわり

(ア)　さらに　もりつける
(イ)　ソースを　かけて　まぜる
(ウ)　肉と　やさいを　きる

6 じゅんじ⑥

1 はっぴょう会の　いしょうを　きる　じゅんばんを　まちがえて
しまいました。みほんのように　きられるように、
下から　記ごうを　えらんで、フローチャートの　①〜④の
□の　中に　書きましょう。

[1もん 10点]

〈まちがい〉

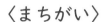

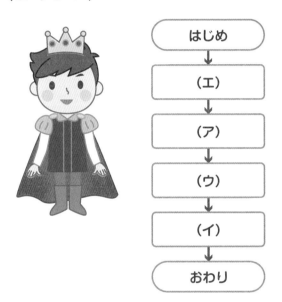

| はじめ |
| （エ） |
| （ア） |
| （ウ） |
| （イ） |
| おわり |

みほん

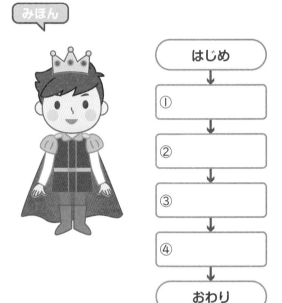

| はじめ |
| ① |
| ② |
| ③ |
| ④ |
| おわり |

（ア）　ベルトを　しめる　　（イ）　マントを　はおる
（ウ）　ベストを　きる
（エ）　シャツを　きて　タイツを　はく

2 かきごおりを 作る じゅんばんを まちがえて、 みほんと
ちがう かきごおりが できて しまいました。みほんと
同じに なるように、（ア）〜（エ）から 記ごうを えらんで、
フローチャートの ①〜④の ▢の 中に 書きましょう。

[1もん 15点]

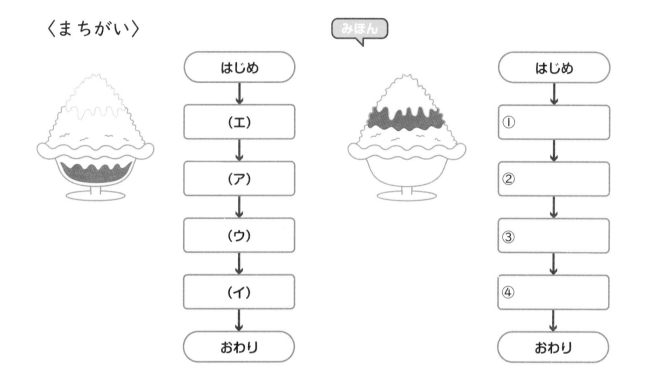

（ア） イチゴの シロップを かける
（イ） ミルクの シロップを かける
（ウ） グラスの 上で こおりを けずる
（エ） かきごおりを 入れる グラスを おく

© くもん出版

7 くりかえし①

1 かだんに　花を　うえます。

〈れい〉の　左のように　うえると、右のように　ならびます。

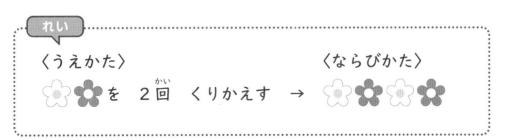

れい

〈うえかた〉　　　　　　　　　〈ならびかた〉

　　　　を　2回　くりかえす　→

かだんの　花を　つぎのように　ならべるには、どのように
うえれば　よいでしょう。正しい　ものに　○を　つけましょう。

[1もん 20点]

①

　　　　を　3回　くりかえす　　　（　　）
　　　　を　3回　くりかえす　　　（　　）

②

　　　　を　2回　くりかえす　　　（　　）
　　　　を　2回　くりかえす　　　（　　）

③

　　　　を　2回　くりかえす　　　（　　）
　　　　を　2回　くりかえす　　　（　　）

カードに くりかえし もようを かきます。もようの
くりかえしの まとまりとして、正しい ものに ○を
つけましょう。

[1もん 10点]

れい

★ ♥ ★ ★ ♥ ★ ★ ♥ ……

くりかえしの まとまり

★ ♥ （ 　 ）

★ ♥ ★ （ ○ ）

★ ♥ ★ （ 　 ）

① ☀ ⬠ ✴ ☀ ⬠ ✴ ☀ ……

☀ ⬠ （ 　 ）

☀ ⬠ ✴ （ 　 ）

☀ ⬠ ✴ ☀ （ 　 ）

② ✦ ✵ ✦ ✵ ✦ ✵ ✦ ✵ ……

✵ ✦ ✵ （ 　 ）

✵ ✦ ✵ （ 　 ）

✦ ✵ ✦ ✵ （ 　 ）

③ ○ □ ✖ ○ ○ □ ✖ ○ ……

□ ✖ ○ （ 　 ）

○ □ ✖ ○ （ 　 ）

○ ○ □ ✖ ○ （ 　 ）

④ ○ ✖ □ ✖ ○ ✖ □ ……

○ ✖ □ （ 　 ）

○ ✖ □ ✖ （ 　 ）

□ ✖ ○ ✖ □ （ 　 ）

月　日　　時　分〜　時　分

名前

点

1 <ruby>赤<rt>あか</rt></ruby>・<ruby>青<rt>あお</rt></ruby>・<ruby>黄<rt>き</rt></ruby>の　じゅんに、<ruby>左<rt>ひだり</rt></ruby>から　くりかえし　<ruby>色<rt>いろ</rt></ruby>を　ぬります。
□には　<ruby>何色<rt>なにいろ</rt></ruby>を　ぬれば　よいでしょう。<ruby>正<rt>ただ</rt></ruby>しい　ものに　○を
つけましょう。

[1もん 12<ruby>点<rt>てん</rt></ruby>]

①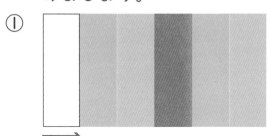

<ruby>赤<rt>あか</rt></ruby>（　　　）
<ruby>青<rt>あお</rt></ruby>（　　　）
<ruby>黄<rt>き</rt></ruby>（　　　）

②

<ruby>赤<rt>あか</rt></ruby>（　　　）
<ruby>青<rt>あお</rt></ruby>（　　　）
<ruby>黄<rt>き</rt></ruby>（　　　）

2 つぎのように　どうぶつを　くりかえし　ならべます。
□に　<ruby>入<rt>はい</rt></ruby>る　どうぶつとして　<ruby>正<rt>ただ</rt></ruby>しい　ものに　○を
つけましょう。

[1もん 14<ruby>点<rt>てん</rt></ruby>]

①

（　　　）
（　　　）
（　　　）

②

（　　　）
（　　　）
（　　　）

カメの ロボット 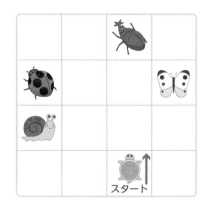 が、ブロックの めいれい通りに すすみます。
つぎのように めいれいする とき、ロボットが たどりつく
マスには 何が ありますか。（　　）に 〇を つけましょう。

[1もん 16点]

① 〈めいれい〉

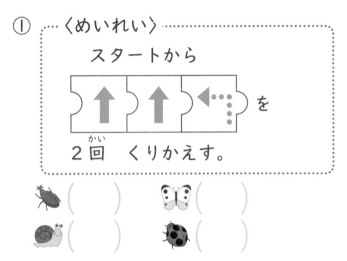

② 〈めいれい〉

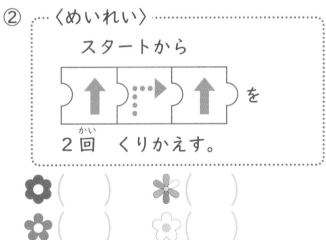

③ 〈めいれい〉

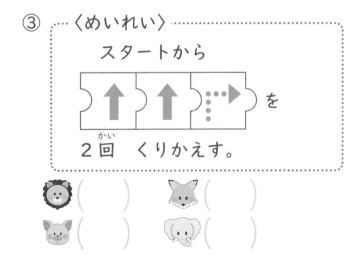

© くもん出版

月　日　　時　分〜　時　分

名前

点

1 つぎのように 図形を ならべました。ならべかたの
（　）に あてはまる 数字を 書きましょう。 [1もん 20点]

 れい

〈ならべかた〉

を 3回 くりかえす。

①

〈ならべかた〉

を（　　　）回 くりかえす。

②

〈ならべかた〉

を（　　　）回 くりかえす。

2 車の ロボット が、ブロックの めいれい通りに すすみます。ロボットを 花 🌸 の マスに すすめるには、めいれいを 何回 くりかえせば よいでしょう。（　）に 数字を 書きましょう。ただし、▨ が ある ところは 通れません。

① 〈めいれい〉スタートから

 を （　　　）回 くりかえす。

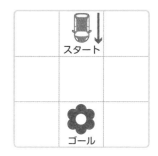

② 〈めいれい〉スタートから

 を （　　　）回 くりかえす。

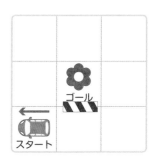

③ 〈めいれい〉スタートから

 を

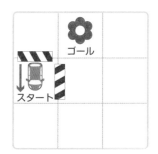

（　　　）回 くりかえす。

1 つぎのように どうぶつを ならべます。正しく ならんでいる
ものは どれでしょう。（　　）に 〇を つけましょう。

[1もん 10点]

① 🦁🐵を 3回 くりかえす。

② 🐷🐵🦁を 2回 くりかえす。

③ 🦝を 3回、🐘を 3回 くりかえす。

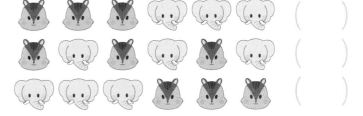

④ 🦒を 2回、🐘を 2回、🦝を 2回 くりかえす。

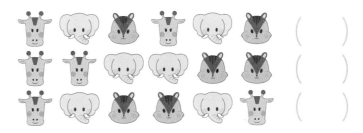

©くもん出版

2 カメの ロボット  が、ブロック ↑ →（点） ←（点） の
めいれい通(どお)りに すすみます。ゴールの マスに すすめるには
どのように めいれいすれば よいでしょう。ブロックの
あいている ところに 矢(や)じるし(↑、┌→、←┐)を 書(か)きましょう。
ただし、▨ が ある ところは 通(とお)れません。

[1もん 20点(てん)]

①

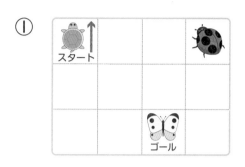

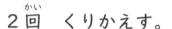 の マスに すすめる。

〈めいれい〉スタートから

パズル（空欄・↑・↑）を

2回(かい) くりかえす。

②

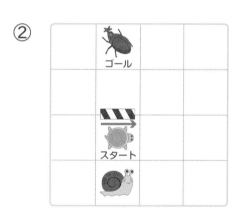

の マスに すすめる。

〈めいれい〉スタートから

パズル（↑・空欄・空欄）を

2回(かい) くりかえす。

③

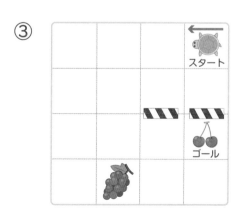

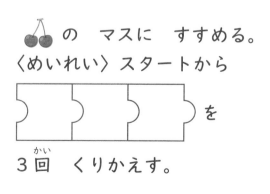

の マスに すすめる。

〈めいれい〉スタートから

パズル（空欄・空欄・空欄）を

3回(かい) くりかえす。

同じ 手じゅんを
くりかえす フローチャートは
右のように あらわします。
「じゅんじ」だけでも
フローチャートを
作ることは できますが、
同じ 手じゅんを

くりかえす と

ここまで で

まとめることで、
フローチャートを
みじかくすることが
できます。

1 左と 同じ けっかの
フローチャートに
なるように、下から
記ごうを えらんで、
①〜③の □ の 中に
書きましょう。　[1もん 20点]

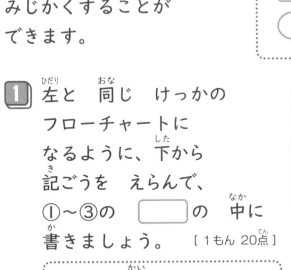

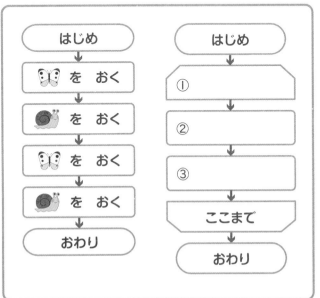

© くもん出版

2 フローチャートを つかって カメの ロボット 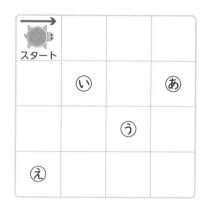 を すすめます。すすむ ときは、ロボットから 見^みて 前^{まえ}に すすみます。つぎのように めいれいする とき、ロボットは どこに すすむでしょう。あ〜えから 正^{ただ}しい ものを 1つ えらび、(　　)に 書^かきましょう。

[1もん 20点^{てん}]

①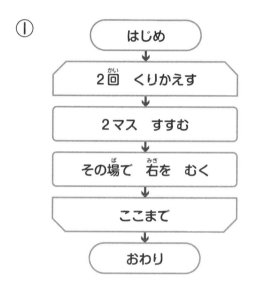

（　　）

②

（　　）

月 日　時 分〜 時 分

名前

点

1 ロボットは、フローチャートの めいれい通りに 左から 絵を
ならべます。ロボットが ならべる 絵として 正しい ものに
〇を つけましょう。

[1もん 25点]

①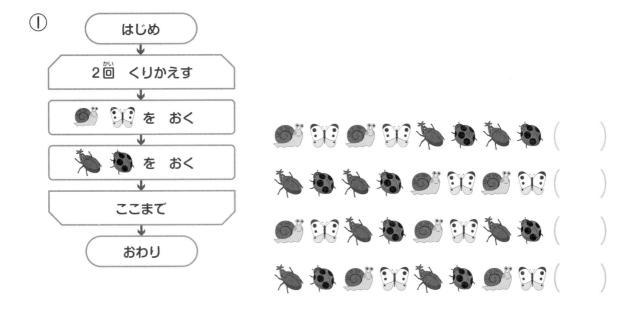

はじめ

2回 くりかえす

🐌 🦋 を おく

🪲 🐞 を おく

ここまで

おわり

②

はじめ

2回 くりかえす

🪲 🐞 を おく

🐌 🦋 を おく

ここまで

おわり

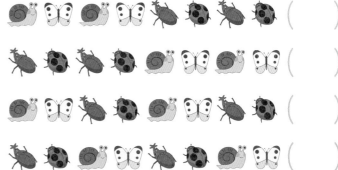

2 フローチャートを つかって 車の ロボット 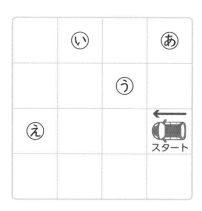 を すすめます。すすむ ときは、ロボットから 見て 前に すすみます。つぎのように めいれいする とき、ロボットは どこに すすむでしょう。あ〜えから 1つ えらび、（　）に 書きましょう。

[1もん 25点]

①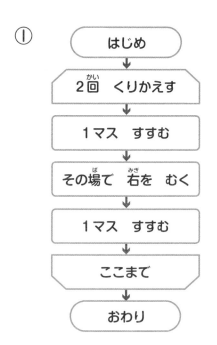

（　　　）

②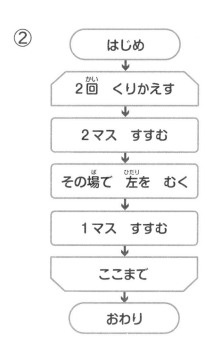

（　　　）

月 日　　時 分〜 時 分

名前

点

1 ロボット 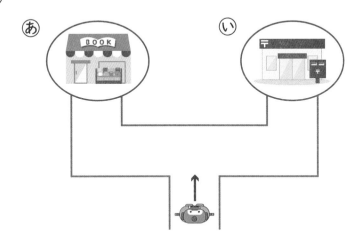 は、分かれ道を　左に　すすみます。つぎの　道を
すすむ　とき、どこに　つきますか。正しい　ものに　〇を
つけましょう。

[1もん 25点]

①

あ（　　　）

い（　　　）

②

あ（　　　）　い（　　　）　う（　　　）　え（　　　）

© くもん出版

2 分かれ道に ある ふだの 色に よって、ロボット 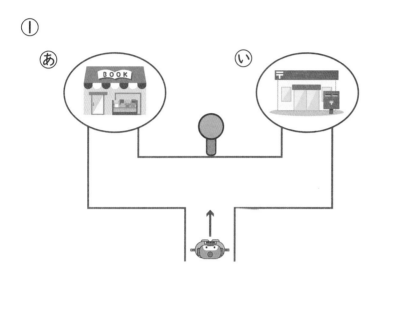 の すすむ むきが かわります。赤の ふだが あれば 右へ、青の ふだが あれば 左へ すすみます。つぎの 道を すすむ とき、どこに つきますか。正しい ものに ○を つけましょう。

[1もん 25点]

①

あ（　　　）

い（　　　）

②

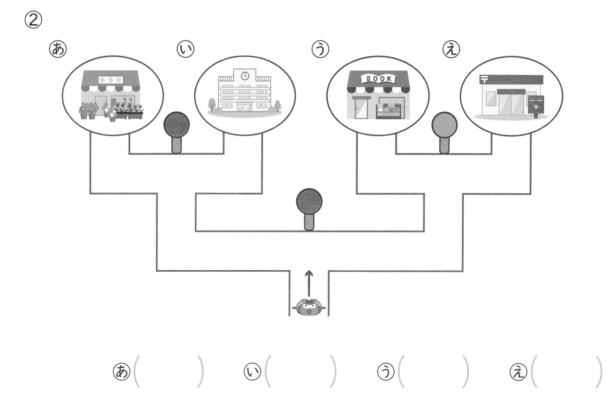

あ（　　　）　　い（　　　）　　う（　　　）　　え（　　　）

14 ぶんき②

1 学校の みんなが、つぎの ルールで しょうがいぶつ走を
します。

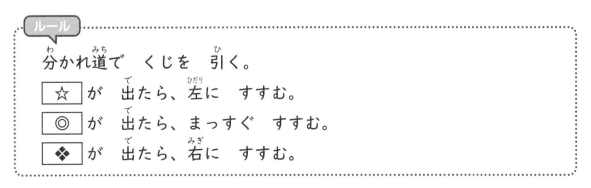

> **ルール**
>
> 分かれ道で くじを 引く。
> ☆ が 出たら、左に すすむ。
> ◎ が 出たら、まっすぐ すすむ。
> ❖ が 出たら、右に すすむ。

つぎの くじを 引いた とき、どの しょうがいぶつに
当たるでしょう。あ〜うから 正しい ものを 1つ えらび、
（　　）に 書きましょう。　　　　　　　　　　　　[1もん 20点]

① さとしさんが ☆ の
くじを 引いた とき。

② あやかさんが ❖ の
くじを 引いた とき。

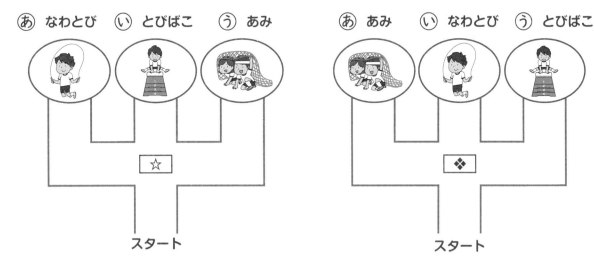

（　　　）　　　　　　　　　　　　　　　（　　　）

© くもん出版

2 ロボット  は、分かれ道を つぎの ルールで すすみます。

> **ルール**
> ・白の はたが 上がって いたら、左に すすむ。
> ・赤の はたが 上がって いたら、まっすぐ すすむ。
> ・白と 赤の はたが どちらも 上がって いたら、右に すすむ。

つぎのように はたが 上がって いる とき、どの 道に
すすみますか。あ〜おから 正しい ものを 1つ えらび、
（　　）に 書きましょう。

[1もん 30点]

① あ かたつむり　い ちょう　う てんとうむし

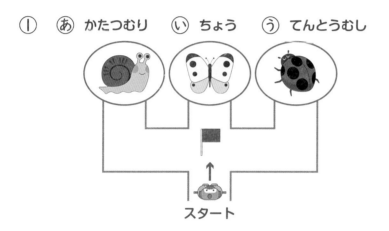

スタート

（　　）

② あ きりん　　　い ぞう　　　う ぶた　え らいおん　お さる

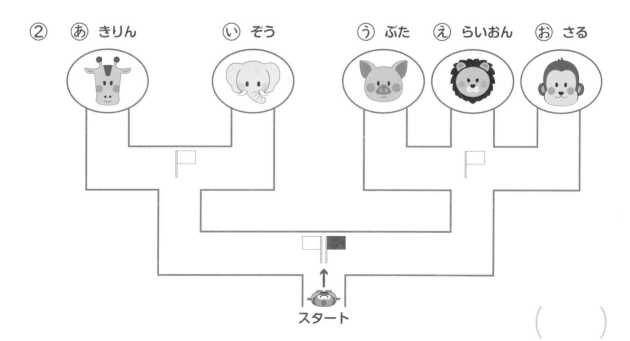

スタート

（　　）

15 ぶんき③

名前

時　分〜　時　分

点

1 ロボット 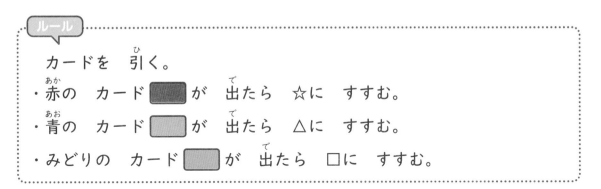 は、分かれ道を　つぎの　ルールで　すすみます。

> **ルール**
>
> カードを　引く。
> ・赤の　カード ■ が　出たら　☆に　すすむ。
> ・青の　カード ■ が　出たら　△に　すすむ。
> ・みどりの　カード ■ が　出たら　□に　すすむ。

ゴールに　行くには、　つぎの　①〜④の　分かれ道で、
どのカードが　出れば　よいでしょう。正しい　ものに　〇を
つけましょう。

[1もん 10点]

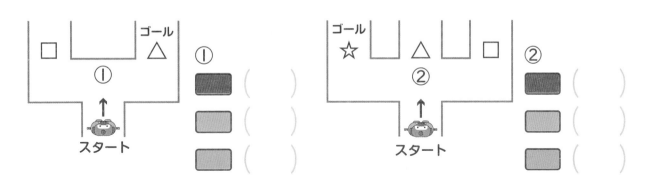

①　（　　）（　　）（　　）

②　（　　）（　　）（　　）

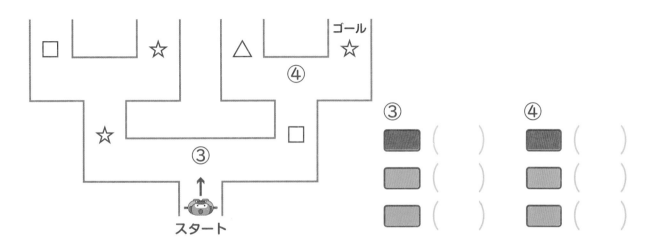

③　（　　）（　　）（　　）

④　（　　）（　　）（　　）

2 ロボット 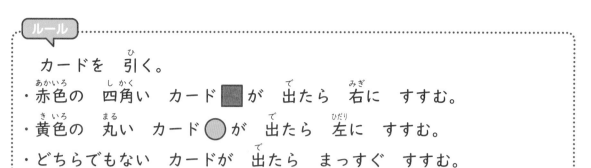 は、分かれ道を　つぎの　ルールで　すすみます。

> ルール
>
> カードを　引く。
> ・赤色の　四角い　カード █ が　出たら　右に　すすむ。
> ・黄色の　丸い　カード ⬤ が　出たら　左に　すすむ。
> ・どちらでもない　カードが　出たら　まっすぐ　すすむ。

ゴールに　行くには、つぎの　①〜③の　分かれ道で、
どのカードが　出れば　よいでしょう。　正しい　ものに　○を
つけましょう。

[1もん　20点]

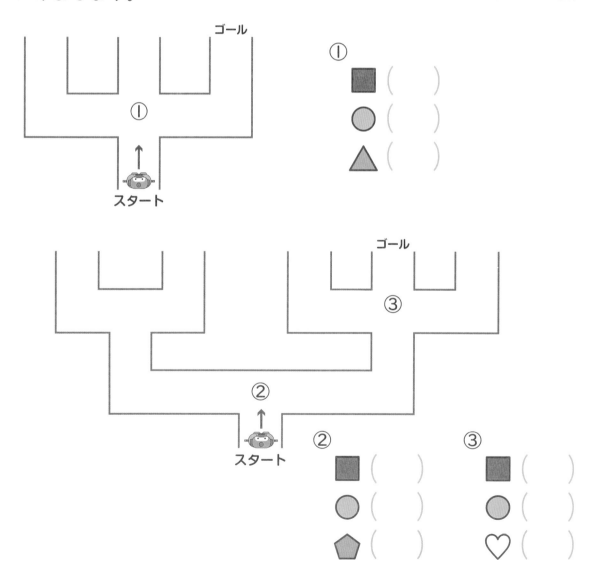

　　　　　　　　　　　　　　　　　　　　　　　© くもん出版

名前

月　日　　時　分〜　時　分

点

1 車の　ロボット 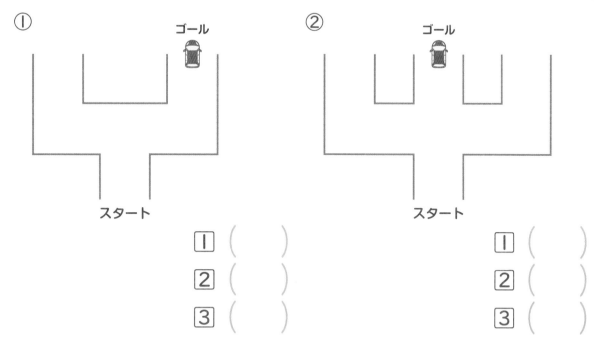 は、分かれ道を　つぎの　ルールで
すすみます。

ルール

数字が　書かれた　カードを　1まい　引く。
1の　カード [1] が　出たら、左に　すすむ。
2の　カード [2] が　出たら、右に　すすむ。
3の　カード [3] が　出たら、まっすぐ　すすむ。

つぎのように　車が　スタートから　ゴールまで
すすんだ　とき、分かれ道で　引いた　カードは　どれでしょう。
正しい　ものを　えらび、（　　）に　〇を　つけましょう。

[1もん 20点]

①　　　　ゴール

スタート

[1] （　　）
[2] （　　）
[3] （　　）

②　　　　ゴール

スタート

[1] （　　）
[2] （　　）
[3] （　　）

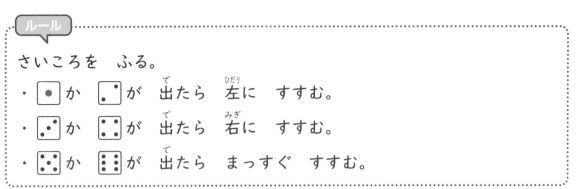

2 ロボット 🤖 が、分かれ道を つぎの ルールで すすみます。

> **ルール**
>
> さいころを ふる。
> ・🎲 か 🎲 が 出たら 左に すすむ。
> ・🎲 か 🎲 が 出たら 右に すすむ。
> ・🎲 か 🎲 が 出たら まっすぐ すすむ。

つぎの 目が 出た とき、ロボットは どこに
いるでしょう。（　　）に 記ごうを 書きましょう。

[1もん 30点]

① 1つ目の 分かれ道：🎲　　2つ目の 分かれ道：🎲

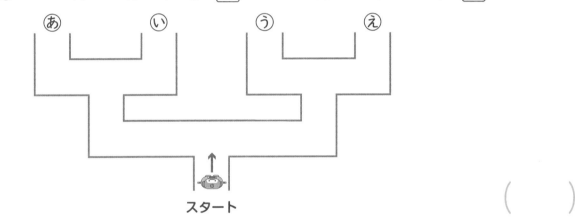

（　　）

② 1つ目の 分かれ道：🎲　　2つ目の 分かれ道：🎲

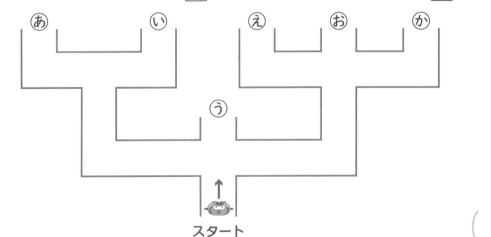

（　　）

1 じょうけんに　よって　つぎに　じっ行する　手じゅんが
かわる　ことを　「ぶんき」と　いい、フローチャートは、
つぎのように　あらわします。

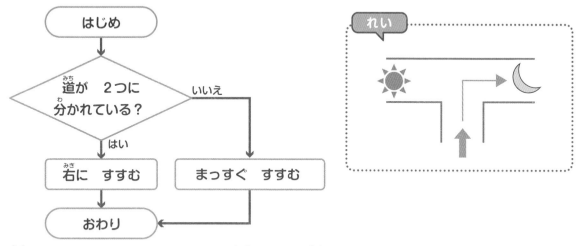

上の　フローチャートの　通りに　道を　すすむと、どこに
つくでしょう。（　）に　記ごうを　書きましょう。　　[1もん 16点]

①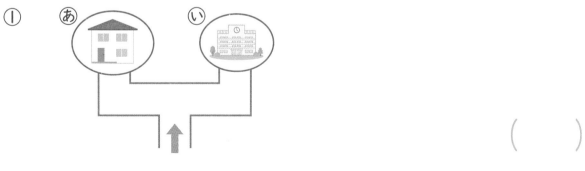

（　　）

②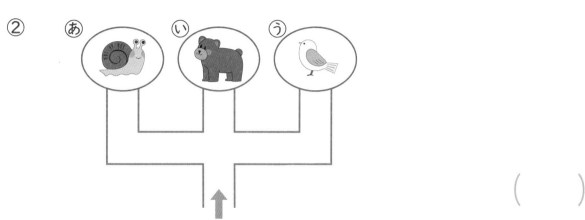

（　　）

© くもん出版

2 フローチャートの　めいれい通りに、数字が　書かれた
カードを　分けます。

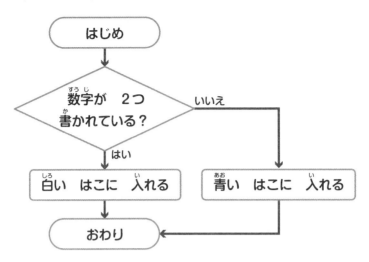

つぎの　カードを　分ける　とき、青い　はこに　入る　カードは
何まいでしょう。（　　）に　数字を　書きましょう。　　[1もん 17点]

① | 1 | | 1・2 | | 1・2・3 |

（　　）まい

② | 1・1 | | 2・2 | | 3・3・3 |

（　　）まい

③ | 1・1・1 | | 2・2・2 | | 3・3 |

（　　）まい

④ | 1・2・3 | | 4・5 | | 6・7・8 |

（　　）まい

点

1　フローチャートの　めいれいを　まちがえて、ゴールまで
行く　ことが　できませんでした。ゴールまで　行くには、
めいれいを　どのように　直せば　よいでしょう。
　　　①・②に　入る　ことばを　下の　　　　　から　それぞれ
1つ　えらんで　書きましょう。

[1もん 25点]

〈まちがった　めいれい〉

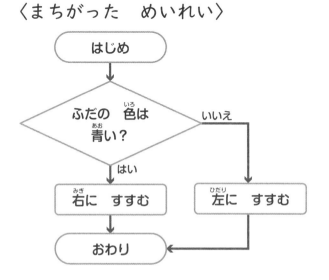

〈まちがった　すすみかた〉

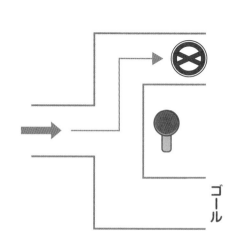

ゴール

〈正しい　めいれい〉

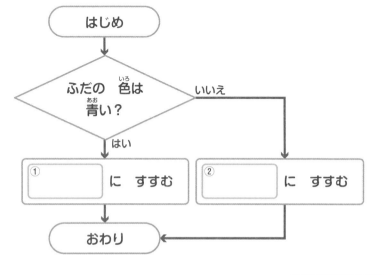

〈正しい　すすみかた〉

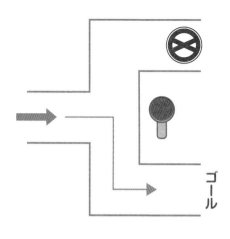

ゴール

右　左

2 みほんのように カード ⟨1・1⟩ ⟨2・3⟩ ⟨2・3・1⟩ を
分(わ)ける つもりが、フローチャートの めいれいを まちがえて、
正(ただ)しく 分(わ)ける ことが できませんでした。

みほん

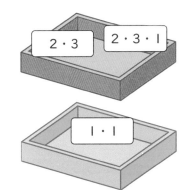

〈まちがった 分(わ)けかた〉　　〈まちがった めいれい〉

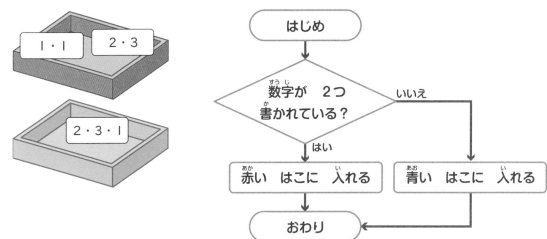

カードを みほんのように 分(わ)けるには、フローチャートの
「数字(すうじ)が 2つ 書(か)かれている?」を どのように なおせば
よいでしょう。下(した)の ⓐ～ⓞから 正(ただ)しい ものを 2つ えらび、
（　）に 書(か)きましょう。

[50点(てん)]

ⓐ 数字(すうじ)が 1つだけ 書(か)かれている?

ⓘ 同(おな)じ 数字(すうじ)が 書(か)かれている?

ⓤ 数字(すうじ)の 2が 入(はい)っている?

ⓔ 数字(すうじ)の 1が 入(はい)っている?

ⓞ 数字(すうじ)の 3が 入(はい)っている?

（　　　　　）

1 つぎの　手じゅんで、四角い　カードに　図形を　かきます。
できあがる　図形として　正しい　ものを　あ〜えから　１つ
えらび、（　　）に　書きましょう。　　　　　　　　　[20点]

> **手じゅん**
> １　青い　ペンで　丸を　かく。
> ２　丸の　中に　赤い　ペンで　三角を　かく。
> ３　三角の　中を　黄色い　ペンで　ぬる。

あ 　　い 　　う 　　え

（　　）

2 つぎのように　どうぶつを　くりかえし　ならべます。
□に　入る　どうぶつとして　正しいものは　どれでしょう。
（　　）に　〇を　つけましょう。　　　　　　　　[１もん 20点]

① を　３回　くりかえす。

□

（　　）
（　　）

② を　２回　くりかえす。

□

（　　）
（　　）
（　　）

3 車の ロボット 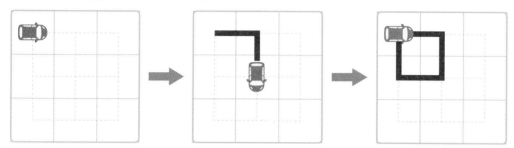 は、フローチャートの めいれい通りに すすみ、通った ところに 線を 引きます。つぎのように ロボットを すすませるには、どのような フローチャートが よいでしょう。㋐〜㋒から 正しい ものを 1つ えらび、（　　）に 書きましょう。 [20点]

㋐
- はじめ
- 3回 くりかえす
- 1マス すすむ
- その場で 右を むく
- ここまで
- おわり

㋑
- はじめ
- 4回 くりかえす
- 1マス すすむ
- その場で 右を むく
- ここまで
- おわり

㋒
- はじめ
- 4回 くりかえす
- 2マス すすむ
- その場で 右を むく
- ここまで
- おわり

（　　）

4 つぎの フローチャートの めいれい通りに 道を すすむと、どこに つくでしょう。㋐〜㋒から 正しい ものを 1つ えらび、（　　）に 書きましょう。 [20点]

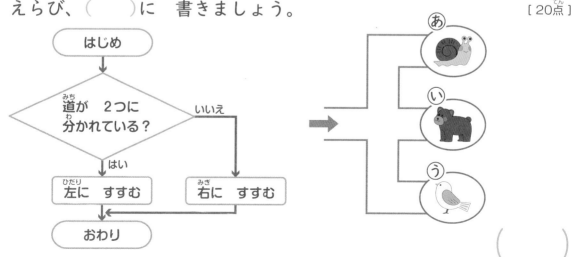

（　　）

1 フローチャートを　つかって　ロボットに　めいれいします。
ロボットは　めいれいの　じゅんに　左から　色を　ぬります。

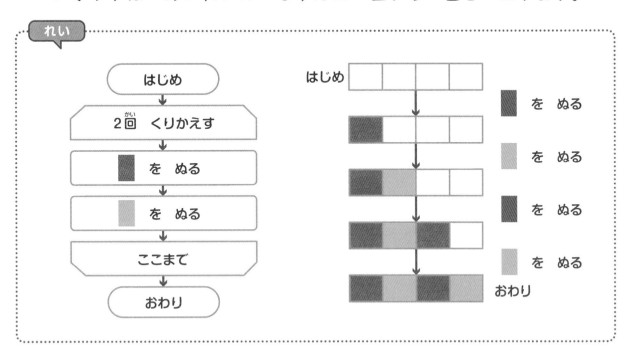

つぎのように　めいれいする　とき、ロボットは　どのように
色を　ぬるでしょう。正しい　ものに　○を　つけましょう。 [40点]

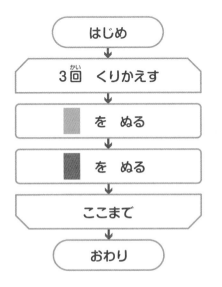

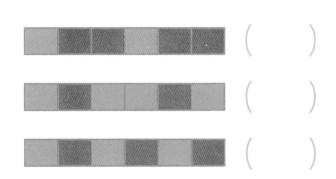

© くもん出版

2 フローチャートを つかって ロボットに めいれいします。
ロボットは めいれいの じゅんに 左から 色を ぬります。

① つぎのように めいれいする とき、ロボットは どのように
色を ぬるでしょう。㋐～㋒から 正しい ものを 1つ えらび、
（　）に 書きましょう。

（　　　）

② つぎのように めいれいする とき、□ には どの 色が
ぬられるでしょう。㋐～㋒から 正しい ものを 1つ
えらび、（　）に 書きましょう。

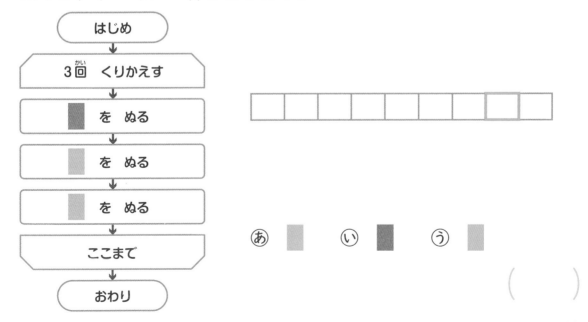

（　　　）

1 フローチャートを つかって ロボットに めいれいします。
ロボットは めいれい通りに 上から 図形を かきます。
みほんのように 図形を かくには、どのような
フローチャートに すれば よいでしょう。あ・いから 正しい
ものを 1つ えらび、(　　)に 書きましょう。　　[1もん 20点]

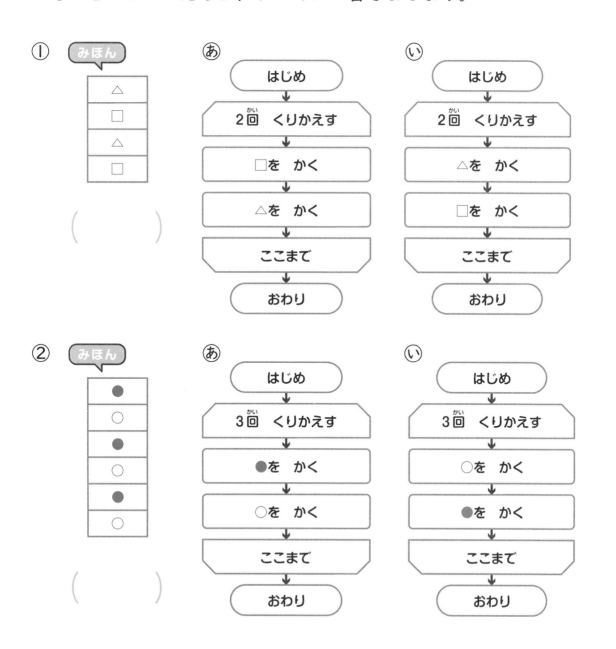

© くもん出版

2 フローチャートを つかって ロボットに めいれいします。
ロボットは めいれい通りに 上から 図形を かきます。
みほんのように 図形を かくには、どのような
フローチャートに すれば よいでしょう。あ・いから 正しい
ものを 1つ えらび、（　）に 書きましょう。　［ 1もん 30点 ］

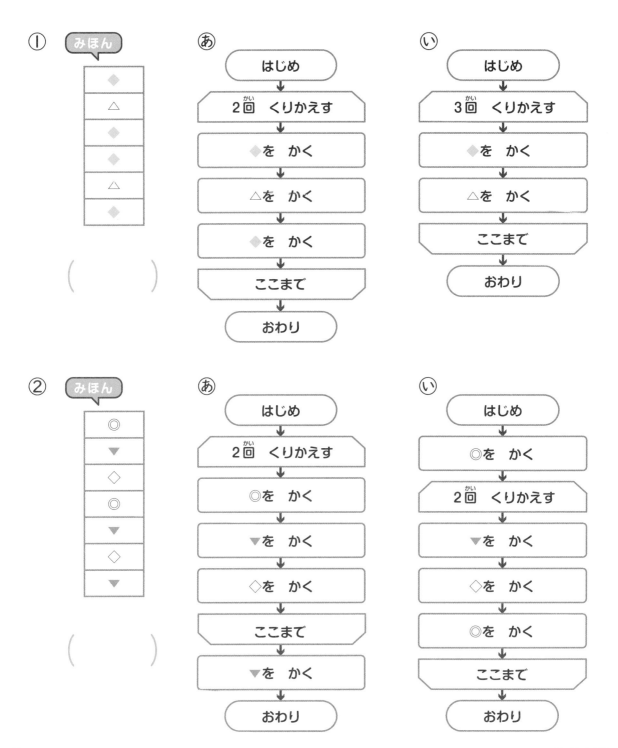

月 日　時 分～ 時 分

名前

点

1 ロボットは　フローチャートの　めいれい通りに　つみ木を
つみます。みほんのように　つみ木を　つむ　とき、
フローチャートの　あいて　いる　ところには　どのような
めいれいが　入るでしょう。あ・いから　正しい　ものを　１つ
えらび、（　）に　書きましょう。 [１もん 20点]

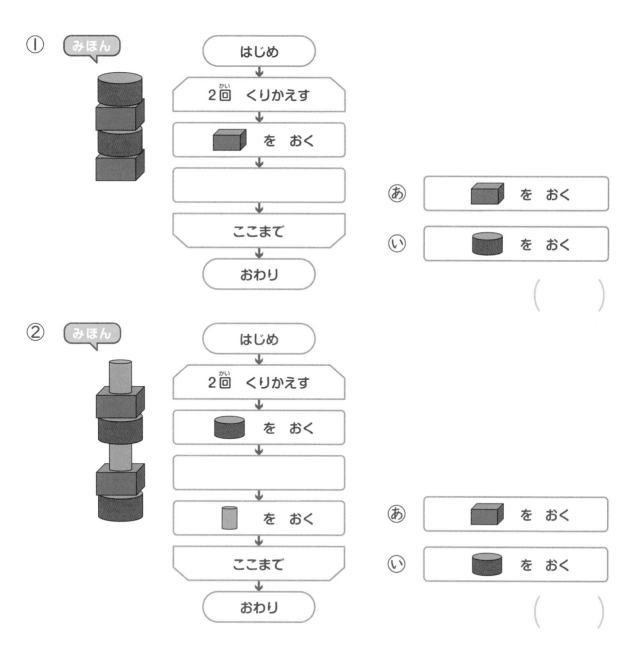

© くもん出版

ロボットは フローチャートの めいれい通りに つみ木を
つみます。みほんのように つみ木を つむ とき、
フローチャートの あいて いる ところには どのような
めいれいが 入るでしょう。あ・いから 正しい ものを 1つ
えらび、(　　)に 書きましょう。　　　　　　[1もん 30点]

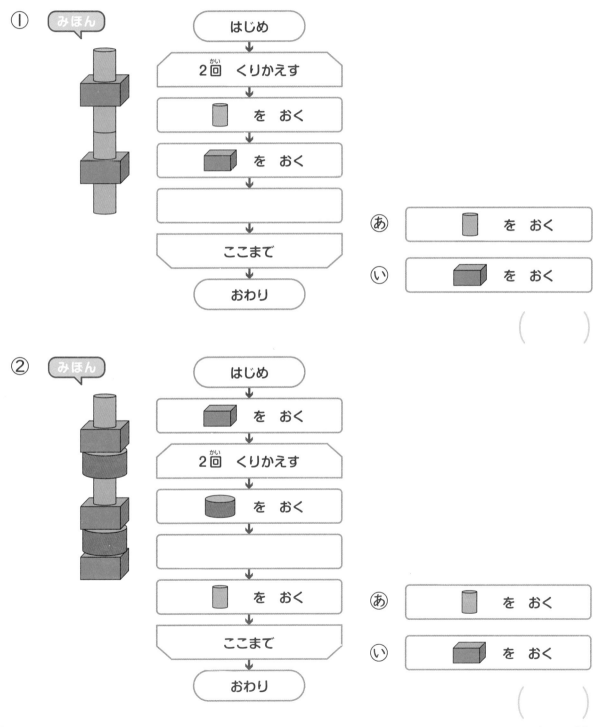

① みほん

はじめ

2回 くりかえす

　を おく

　を おく

ここまで

おわり

あ 　を おく

い 　を おく

(　　)

② みほん

はじめ

　を おく

2回 くりかえす

　を おく

　を おく

ここまで

おわり

あ 　を おく

い 　を おく

(　　)

名前

点

1　フローチャートを つかって 車の ロボット 🚗 に
めいれいします。ロボットは めいれい通りに、 れいのように
むきを かえます。

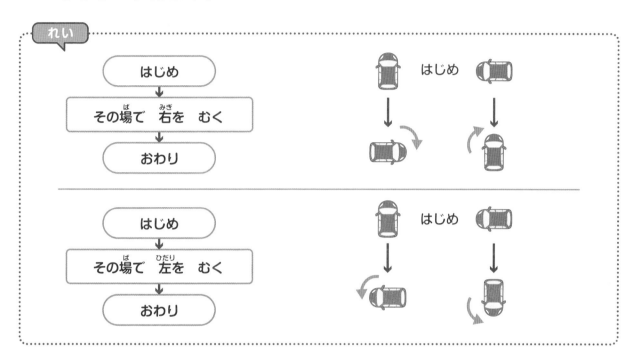

つぎのように めいれいする とき、ロボットは どのように
なるでしょう。正しい ものに ○を つけましょう。　[40点]

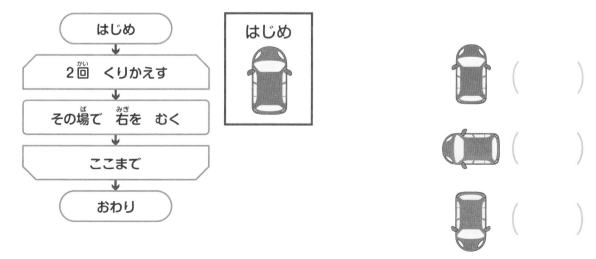

© くもん出版

フローチャートを つかって カメの ロボット 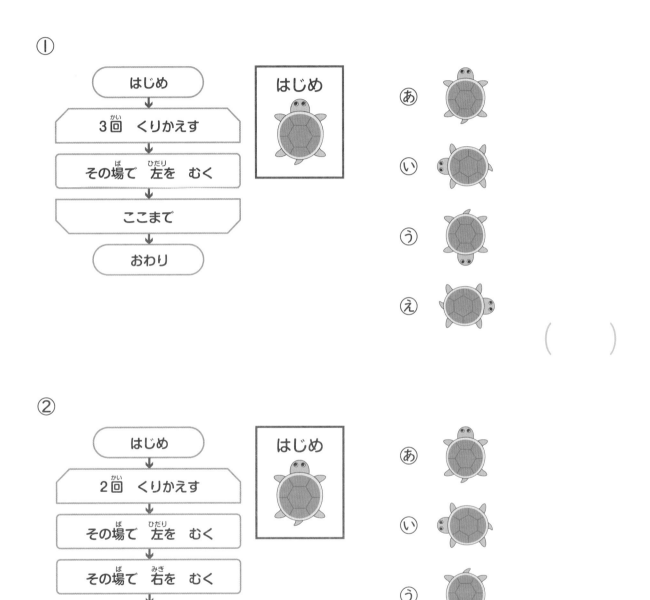 に めいれいします。ロボットは めいれい通りに むきを かえます。つぎのように めいれいする とき、ロボットは どのように なるでしょう。あ〜えから 正しい ものを 1つ えらび、( )に 書きましょう。

[1もん 30点]

①

②

48 ©くもん出版

1 フローチャートを つかって カメの ロボット 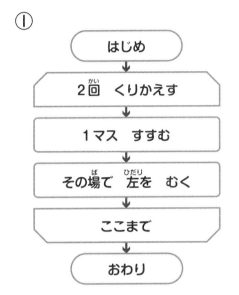 に めいれいします。つぎのように めいれいした とき、カメは どの マスに いるでしょう。㋐〜㋓から 正しい ものを 1つ えらび、（　）に 書きましょう。

[1もん 20点]

①

はじめ

2回 くりかえす

1マス すすむ

その場で 左を むく

ここまで

おわり

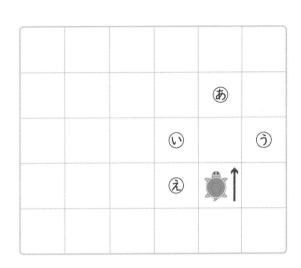

（　　）

②

はじめ

2回 くりかえす

2マス すすむ

その場で 右を むく

ここまで

おわり

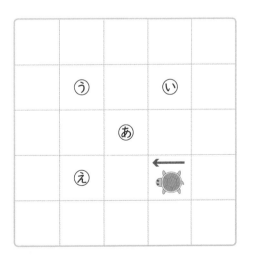

（　　）

© くもん出版

2 フローチャートを つかって 車の ロボット 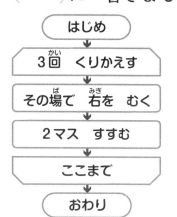 に
めいれいします。

［1もん 30点］

① つぎのように めいれいした とき、車は どの マスに
いるでしょう。あ～えから 正しい ものを 1つ えらび、
（　）に 書きましょう。

はじめ
↓
3回 くりかえす
↓
その場で 右を むく
↓
2マス すすむ
↓
ここまで
↓
おわり

う	あ	→ 🚗		い
		え		

（　）

② つぎのように めいれいした とき、車は どの マスに
いて、どちらを むいて いるでしょう。正しい ものを 1つ
えらび、（　）に ○を つけましょう。

はじめ
↓
3回 くりかえす
↓
1マス すすむ
↓
その場で 左を むく
↓
ここまで
↓
おわり

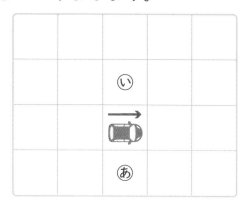

あに いて、正めんから 見て 左 🚗 を むいて いる。（　）

あに いて、正めんから 見て 下 🚗 を むいて いる。（　）

いに いて、正めんから 見て 左 🚗 を むいて いる。（　）

いに いて、正めんから 見て 下 🚗 を むいて いる。（　）

1 星形と　ハート形の　クッキーが、はこに　たくさん
入って　います。ロボットは、フローチャートの　めいれい通りに
クッキーを　分けます。それぞれの　クッキーは、クッキーの
形と　同じ　がらの　ふくろに　入れます。フローチャートは
どのように　なるでしょう。①・②に　あてはまる　ものを
あ〜えから　１つ　えらび、（　　）の　中に　書きましょう。

[1もん 20点]

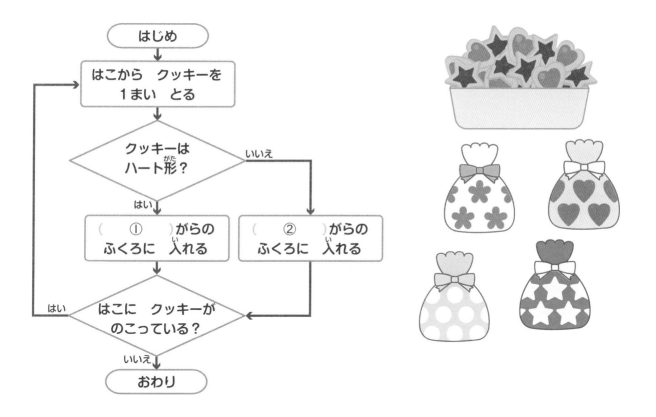

あ　花　　　　い　ハート
う　水玉　　　え　星

①（　　　　）　②（　　　　）

　　　　　　　© くもん出版

2 たまごやき、ポテトサラダ、にものが　たくさん　あります。
ロボットは、フローチャートの　めいれい通りに
べんとうばこに　おかずを　入れます。べんとうばこの　中に
さけが　あれば　たまごやきを、からあげが　あれば
ポテトサラダを、そのほかの　ものが　あれば　にものを
入れます。①～③に　あてはまる　ものを　あ～おから　１つ
えらび、（　　）の　中に　書きましょう。

［１もん　20点］

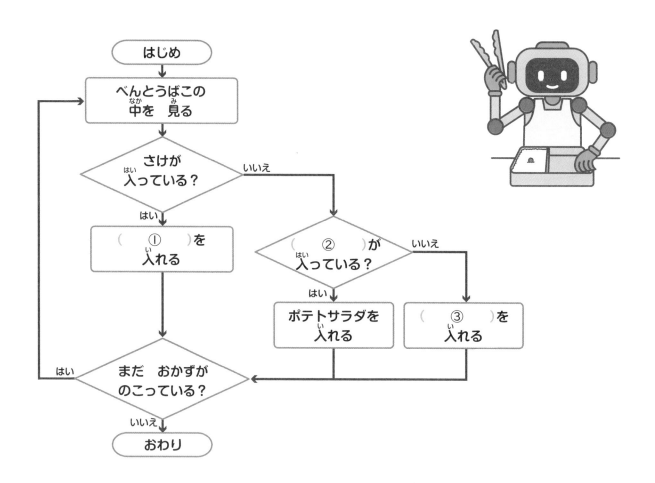

あ　たまごやき　　　い　ポテトサラダ　　　う　にもの
え　さけ　　　　　　お　からあげ

①（　　　　　）　②（　　　　　）　③（　　　　　）

©くもん出版

1 赤い ボールと 青い ボールが ぜんぶで 20こ あります。
ロボットは、フローチャートの めいれい通りに ボールを
分けます。それぞれの ボールは、ボールと 同じ 色の
はこに 入れます。フローチャートは どのように なりますか。
①・②に あてはまる ものを ㋐〜㋓から 1つ えらび、
（ ）の 中に 書きましょう。

[1もん 20点]

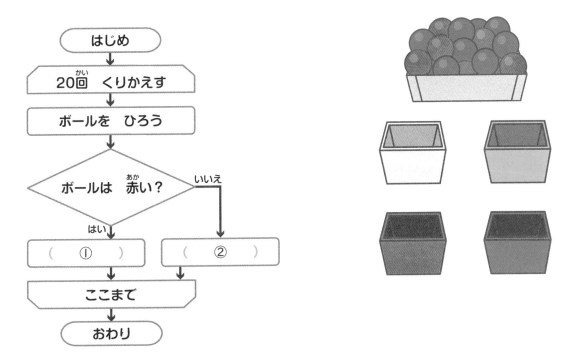

㋐ 青の はこに 入れる　　㋑ 黄色の はこに 入れる
㋒ みどりの はこに 入れる　　㋓ 赤の はこに 入れる

①（ 　　 ）　②（ 　　 ）

2 丸、三角、四角の つみきが ぜんぶで 30こ あります。
ロボットは、フローチャートの めいれい通りに つみきを
分けます。それぞれの つみきは、つみきと 同じ 形の
はこに 入れます。フローチャートは どのように なるでしょう。
①〜④に あてはまる ものを ⓐ〜ⓖから 1つ えらび、
（　）の 中に 書きましょう。

［1もん 15点］

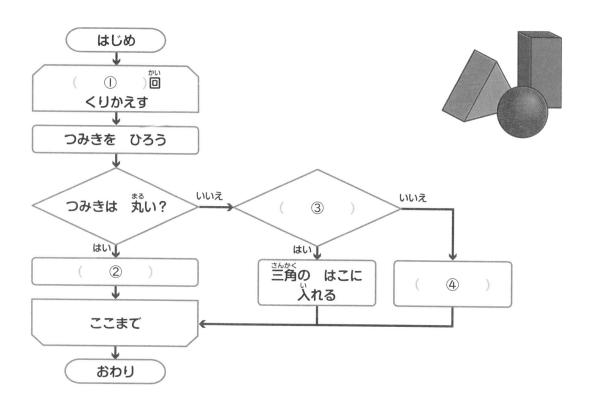

ⓐ 10　　ⓘ 20　　ⓤ 30
ⓔ つみきは 三角？　　ⓞ つみきは 四角？
ⓚ 丸い はこに 入れる　　ⓖ 四角の はこに 入れる

①（　　　　）　②（　　　　）

③（　　　　）　④（　　　　）

27　くりかえしとぶんきの あるプログラム③

1 フローチャートを つかって ロボットに めいれいします。
ロボットは めいれい通りに 左から 色を ぬります。
つぎのように めいれいする とき、ロボットは どのように
色を ぬるでしょう。あ〜うから 正しい ものを 1つ えらび、
（　）に 書きましょう。

[1もん 20点]

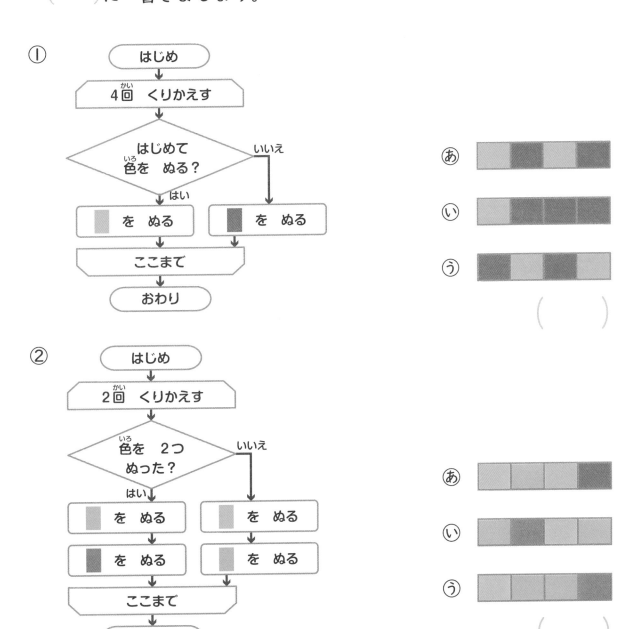

①
はじめ
4回 くりかえす
はじめて 色を ぬる？
いいえ
はい
□を ぬる
■を ぬる
ここまで
おわり

あ
い
う
（　　）

②
はじめ
2回 くりかえす
色を 2つ ぬった？
いいえ
はい
□を ぬる
□を ぬる
■を ぬる
□を ぬる
ここまで
おわり

あ
い
う
（　　）

2 フローチャートを つかって ロボットに めいれいします。
ロボットは めいれい通りに 左から 色を ぬります。
つぎのように めいれいする とき、ロボットは どのように
色を ぬるでしょう。あ〜うから 正しい ものを 1つ えらび、
（　　）に 書きましょう。

[1もん 30点]

①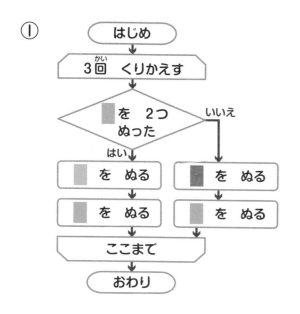

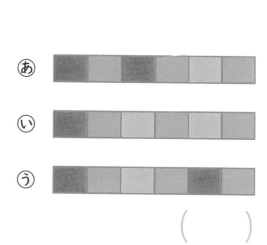

（　　　）

②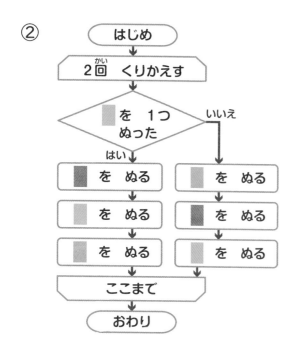

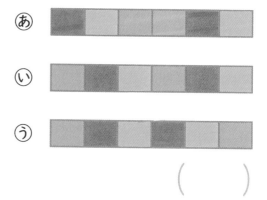

（　　　）

名前

月　日　時　分～　時　分

点

1 フローチャートを つかって ロボットに めいれいします。
ロボットは めいれい通りに 上から 図形を かきます。
みほんのように 図形を かく とき、フローチャートの あいて
いる ①・②には どのような めいれいが 入るでしょう。
あ・いから 正しい ものを それぞれ 1つ えらび、
（　）に 書きましょう。

[1もん 25点]

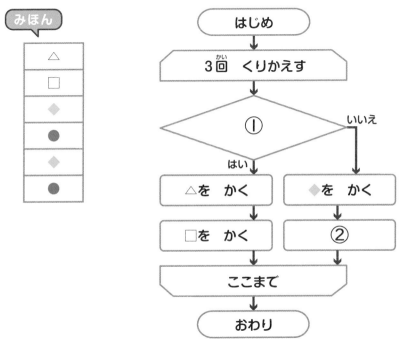

① あ　はじめて
　　図形を かく

い　4つ 図形を
　　かいた

（　）

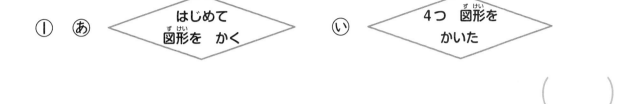

② あ　□を かく

い　●を かく

（　）

© くもん出版

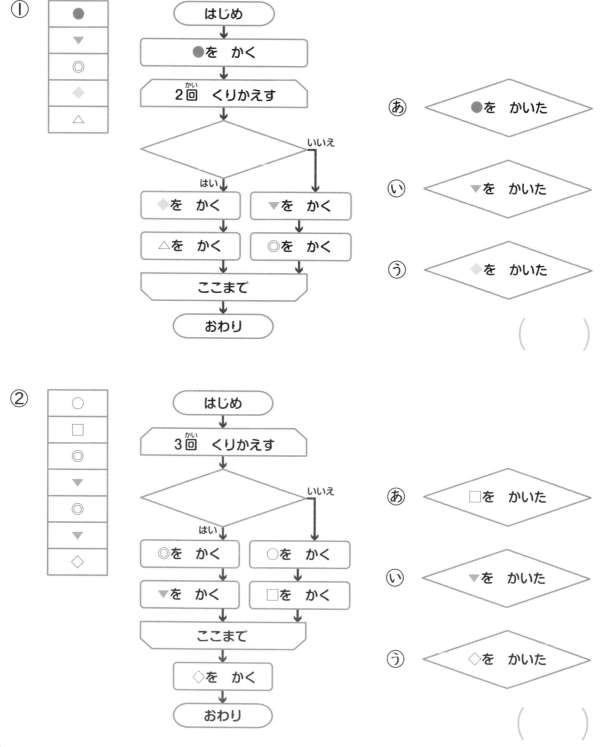

2 フローチャートを つかって ロボットに めいれいします。
ロボットは めいれい通りに 上から 図形を かきます。
①・②のように 図形を かく とき、フローチャートには
どのような めいれいが 入るでしょう。あ〜うから 正しい
ものを 1つ えらび、(　)に 書きましょう。　[1もん 25点]

①

はじめ
●を かく
2回 くりかえす

あ ●を かいた
い ▼を かいた
う ◆を かいた

いいえ
はい
◆を かく　▼を かく
△を かく　◎を かく
ここまで
おわり

(　)

②

はじめ
3回 くりかえす

あ □を かいた
い ▼を かいた
う ◇を かいた

いいえ
はい
◎を かく　○を かく
▼を かく　□を かく
ここまで
◇を かく
おわり

(　)

© くもん出版

1 フローチャートを つかって 車の ロボット 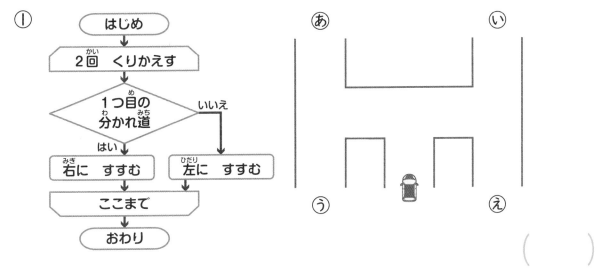 に
めいれいします。車は 道に そって すすみつづけ、分かれ道で
めいれいに したがって すすむ むきを かえます。
つぎのように めいれいする とき、車は どこに つくでしょう。
あ～えから 正しい ものを 1つ えらび、( )に
書きましょう。

[1もん 20点]

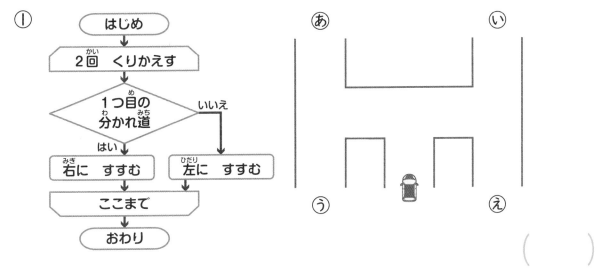

①

はじめ
↓
2回 くりかえす
↓
1つ目の 分かれ道 —いいえ→
はい↓　　　　　　　↓
右に すすむ　　　左に すすむ
↓　　　　　　　　↓
ここまで
↓
おわり

あ　　　　　　い

う　　　　　　え

( )

②

はじめ
↓
2回 くりかえす
↓
2つ目の 分かれ道 —いいえ→
はい↓　　　　　　　↓
左に すすむ　　　右に すすむ
↓　　　　　　　　↓
ここまで
↓
おわり

あ　　い　　う　　え

( )

フローチャートを つかって カメの ロボット 🐢 に
めいれいします。カメは 道に そって すすみつづけ、分かれ道で
めいれいに したがって すすむ むきを かえます。
つぎのように めいれいする とき、カメは どこに つくでしょう。
（ ）に 記ごうを 書きましょう。

[1もん 30点]

①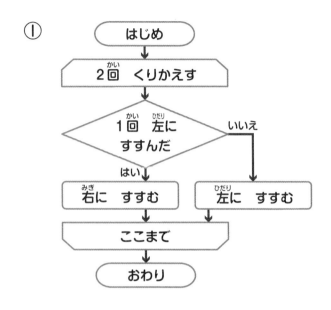

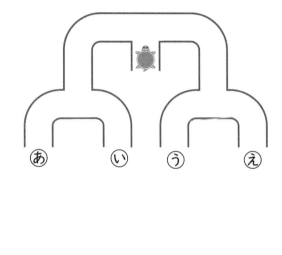

（ 　　　 ）

②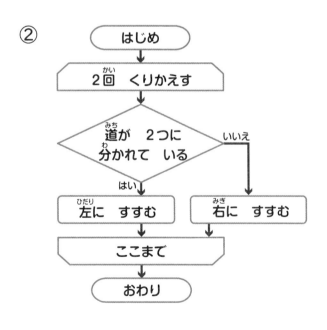

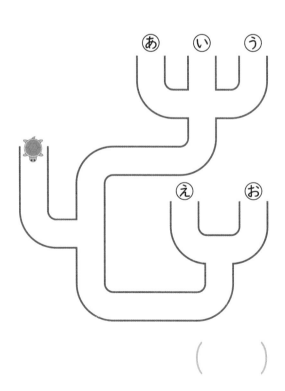

（ 　　　 ）

30 かくにんもんだい②

1 フローチャートを　つかって　ロボットに　めいれいします。
ロボットは　めいれい通りに　左から　色を　ぬります。
つぎのように　めいれいする　とき、ロボットは　どのように
色を　ぬるでしょう。正しい　ものに　○を　つけましょう。

[1もん 20点]

①

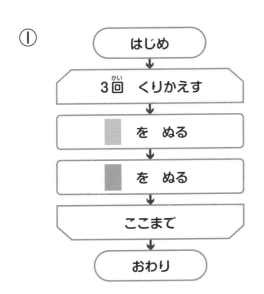

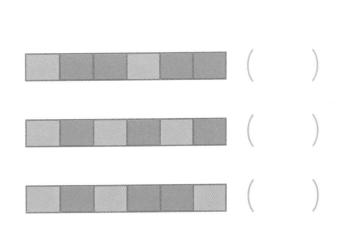

②

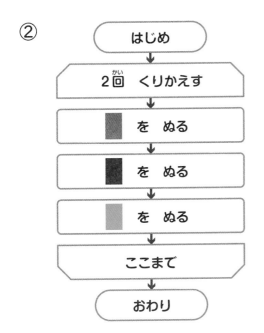

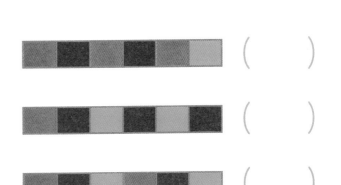

2 プレゼントの はこが ぜんぶで 25こ あります。ロボットは、フローチャートの めいれい通りに はこに リボンを かけます。赤い はこには みどり、青い はこには 黄色、黄色い はこには ピンクの リボンを かけます。フローチャートは どのように なるでしょう。①〜④に あてはまる ものを ⑤〜⑯から えらび、（　）の 中に 書きましょう。

[1もん 15点]

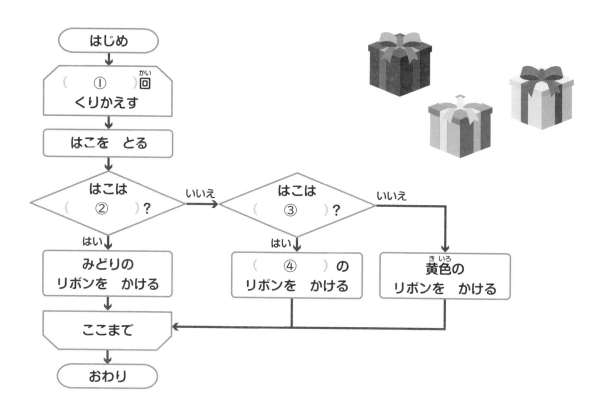

⑤ 15　　⑥ 25　　⑦ 35
⑧ 赤い　　⑨ 青い　　⑩ 黄色い
⑪ みどり　　⑫ 黄色　　⑬ ピンク

①（　　　）②（　　　）③（　　　）④（　　　）

月　日　時　分～　時　分

名前

点

1 数を　入れたり、出したり　できる　はこが　あります。
数が　入って　いる　はこに　新しく　数を　入れると、前に
入れた　数は　出て　いきます。

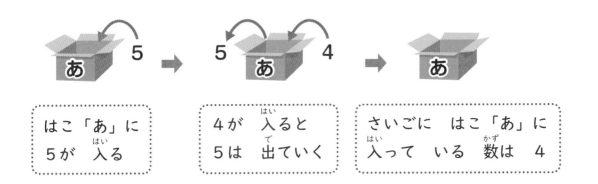

はこ「あ」に
5が　入る

4が　入ると
5は　出ていく

さいごに　はこ「あ」に
入って　いる　数は　4

つぎの　とき、さいごに　はこ「あ」に　入って　いる　数は
いくつですか。（　　）の　中に　書きましょう。　　　[1もん 20点]

①

（　　　）

②

　→

（　　　）

© くもん出版

2 数を 入れたり、出したり できる はこが あります。
数が 入って いる はこに 新しく 数を 入れると、前に
入れた 数は 出て いきます。つぎの とき、はこ「い」に
入って いる 数は いくつですか。( )の 中に
書きましょう。

[1もん 15点]

①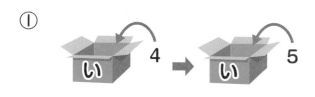

( )

②

( )

③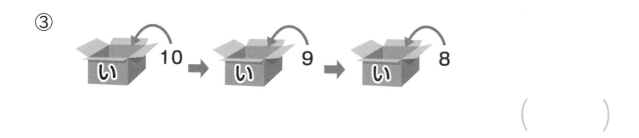

( )

④

( )

64

32 へん数②

1 数を　入れたり、出したり　できる　はこが　あります。
はこは、　数字の　かわりに　計算に　つかう　ことが　できます。

はこ「あ」に　つぎの　数が　入って　いる　とき、①・②の
こたえを　（　　）の　中に　書きましょう。　　　［1もん 20点］

① ![あ]+2

（　　　　　）

② ![あ]+6

（　　　　　）

2 はこ「い」に つぎの 数が 入って いる とき、①〜⑥の
こたえを （　）の 中に 書きましょう。　　　　　[1もん 10点]

① い ＋ 3

（　　　）

② い ＋ 5

（　　　）

③ い ＋ 3 ＋ 5

（　　　）

④ い ＋ 2 ＋ 7

（　　　）

⑤ い ＋ 5 ＋ 6

（　　　）

⑥ い ＋ 5 ＋ 8

（　　　）

名前

点

1 数を 入れたり、出したり できる はこが あります。
はこは、数字の かわりに 計算に つかう ことが できます。

あ 5 → あ − 1 = 4

はこ「あ」に つぎの 数が 入って いる とき、①・②の
こたえを （　）の 中に 書きましょう。　　[1もん 20点]

あ 5

① あ − 2

（　　　）

② あ − 4

（　　　）

2 はこ「い」に つぎの 数が 入って いる とき、①〜⑥の こたえを （　　）の 中に 書きましょう。　　　　　　[1もん 10点]

①  ー 2

（　　　　）

② い ー 4

（　　　　）

③ い ー 5

（　　　　）

④ い ー 2 ー 2

（　　　　）

⑤ い ー 3 ー 5

（　　　　）

⑥ い ー 2 ー 8

（　　　　）

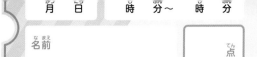

34 へん数④

1 数を 入れたり、出したり できる はこが あります。
はこは、 数字の かわりに 計算に つかう ことが できます。

はこ「あ」、はこ「い」に つぎの 数が 入って いる とき、
①・②の こたえを （ ）の 中に 書きましょう。

[1もん 25点]

①

（ ）

②

（ ）

© くもん出版

2 数を 入れたり、出したり できる はこが あります。
はこは、 数字の かわりに 計算に つかう ことが できます。
はこ「あ」～「う」に つぎの 数が 入って いる とき、
①～⑤の こたえを （   ）の 中に 書きましょう。

[1もん 10点]

①

（   ）

② い + う

（   ）

③ あ + い + う

（   ）

④ あ + う + 6

（   ）

⑤ い + う + 5

（   ）

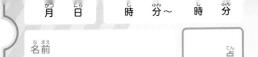

名前

点

1 数を 入れたり、出したり できる はこが あります。
はこは、数字の かわりに 計算に つかう ことが できます。

あ 10　い 2　→　あ － い ＝ 8

はこ「あ」、はこ「い」に つぎの 数が 入って いる とき、
①・②の こたえを （　）の 中に 書きましょう。

[1もん 25点]

①

あ 8　い 6　→　あ － い

（　　）

②

あ 9　い 3　→　あ － い

（　　）

2 数を 入れたり、出したり できる はこが あります。
はこは、数字の かわりに 計算に つかう ことが できます。
はこ「あ」〜「う」に つぎの 数が 入って いる とき、
①〜⑤の こたえを （ ）の 中に 書きましょう。

[1もん 10点]

① い － あ

（　　　　）

② う － い

（　　　　）

③ う － あ － い

（　　　　）

④ い － あ － 4

（　　　　）

⑤ う － い － 5

（　　　　）

月　日　　時　分〜　時　分

名前

点

1 数を 入れたり、出したり できる はこが あります。 数を
入れた はこを つかって、同じ 名前の はこに 新しく 数を
入れる ことが できます。

はこ「あ」に
2が 入る

さいごに はこ「あ」に
入って いる 数は 3

つぎの とき、さいごに はこ「あ」に 入って いる 数は
いくつですか。（　　）の 中に 書きましょう。

[1もん 20点]

① 　あ 3 → 　あ 　あ ＋5

（　　　）

② 　あ 5 → 　あ 　あ －3

（　　　）

2 数を 入れたり、出したり できる はこが あります。
さいごに はこ「い」に 入って いる 数が、下の カードに
書かれて います。はじめに はこ「い」に 入って いた 数は
いくつですか。（　　）の 中に 書きましょう。

[1もん 20点]

①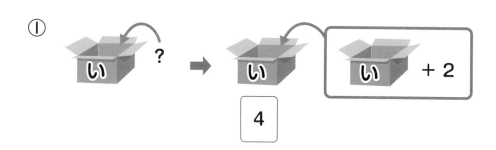

（　　　　）

②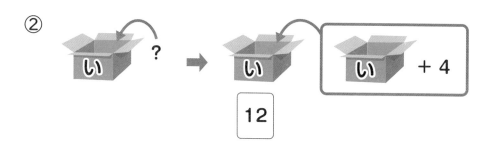

（　　　　）

③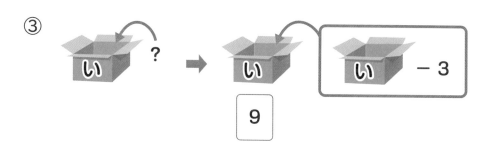

（　　　　）

ロボットのソルト、シュガー、シナモンに　めいれいする　プログラムを
作ります。プログラムは、つぎの　きまりに　したがって　作ります。

ソルト　　　　シュガー　　　　シナモン

プログラムの　きまり

(1)　めいれいしたい　ロボットの　名前を　さいしょに　書く。

(2)　めいれいしたい　ないようを、　ロボットの　名前の
　　うしろに　「！」(エクスクラメーション)で　つなげて　書く。

れい

ソルトを　歩かせる　プログラム　→　ソルト！歩く

1 つぎの　もんだいに　答えましょう。　　　　　［ 1もん 25点 ］

①　シュガーに　歌わせます。正しい　プログラムを　あ～うから
　1つ　えらび、(　　)に　書きましょう。

あ　歌う！シュガー
い　シュガー　歌う
う　シュガー！歌う

(　　)

② シナモンに ジャンプさせます。正しい プログラムを
あ～えから 1つ えらび、（　）に 書きましょう。

あ　ジャンプ！シナモン

い　ジャンプする！シナモン

う　ソルト！ジャンプする

え　シナモン！ジャンプする

（　　）

2 2体の ロボットに 同じ めいれいを する ときは、
ロボットの 名前を 「&」（アンド）で つなげて
めいれいします。正しい プログラムを あ～えから 1つ
えらび、（　）に 書きましょう。　　　［1もん 25点］

① ソルトと シュガーに 手を ふらせる

あ　ソルト＊シュガー！手を ふる

い　ソルト＆シュガー！手を ふる

う　ソルト・シュガー！手を ふる

え　手を ふる！ソルト＆シュガー

（　　）

② シュガーと シナモンに あくしゅを させる

あ　シュガー・シナモン！あくしゅを する

い　シュガー＊シナモン！あくしゅ

う　シュガー＆シナモン！あくしゅを する

え　シュガー！シナモン！あくしゅを する

（　　）

38 コンピュータへの めいれい②

明かりを　つける　プログラムを　作ります。プログラムは、
つぎの　きまりに　したがって　作ります。

プログラムの　きまり

(1)　明かりを　つける　ときは　「あかり1」と　書く。

(2)　明かりを　けす　ときは　「あかり0」と　書く。

(3)　明かりを　つけたり　けしたり　する　ときは、「あかり1」と
「あかり0」を　「：」（コロン）で　つなげて　書く。

れい

つけた　あと、けす　プログラム
→　あかり1：あかり0

1　つぎの　もんだいに　答えましょう。

①　(1)・(2)の　プログラムとして　正しい　ものを　あ〜えから
それぞれ　1つ　えらび、（　　）に　書きましょう。　　　［1もん　25点］

(1)　明かりを　つける　プログラム　　　　　　　　　　　（　　）

(2)　明かりを　けす　プログラム　　　　　　　　　　　　（　　）

あ　あかり0

い　あかるい0

う　あかり1

え　ひかり1

② つぎのように めいれいした とき、コンピュータの
うごきとして 正しい ものを ㋐〜㋓から それぞれ １つ
えらび、（　　）に 書きましょう。 [25点]

プログラム→　あかり０：あかり１：あかり０

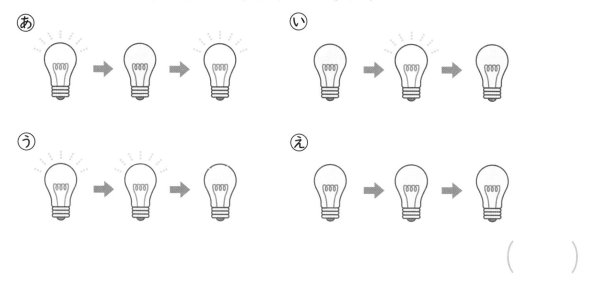

（　　）

③ みほんのように 明かりを つけます。ところが、
プログラムを まちがえて、正しく 明かりを つけることが
できませんでした。プログラムの まちがって いる ところに
×を つけ、正しい プログラムを （　　）に 書きましょう。
[25点]

まちがった プログラム
→　あかり１：あかり０：あかれ１

正しい プログラム
（
　　　　　　　　　　　　　　　　　　　　　　　）

「ピー」と いう 音を 出す プログラムを 作ります。
プログラムは、 つぎの きまりに したがって 作ります。

プログラムの きまり

(1) はじめに 「音を 出す」と 書く。

(2) 「音を 出す」の あとに 数字を 書くと、音の
　　高さが かわる。数が 小さいほど 音は 高くなり、数が
　　大きいほど 音は ひくくなる。

れい

「音を 出す 1」 ↑ 高い 音
「音を 出す 2」 ↕
「音を 出す 3」 ↓ ひくい 音

---

1 つぎの もんだいに 答えましょう。　　　[50点]

「音を 出す 5」と めいれいした とき よりも、高い 音を
出す プログラムとして、正しい ものを ⓐ〜ⓔから すべて
えらび、（　　）に 書きましょう。

ⓐ 音を 出す 1
ⓘ 音を 出す 3
ⓤ 音を 出す 7
ⓔ 音を 出す 10

（　　　　　　）

音の 高さを あらわす 数字の あとに 「,」(カンマ)を
つけて 数字を 書くと、音の 長さが かわる。数字が
小さいほど 音は みじかくなり、数字が 大きいほど 音は
長くなる。

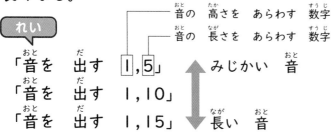

れい

「音を 出す 1,5」　↕　みじかい 音
「音を 出す 1,10」
「音を 出す 1,15」　↕　長い 音

2 つぎの もんだいに 答えましょう。　　　　　　　[1もん 25点]

① 高さが 5、長さが 20の 音を 出す プログラムとして、
正しい ものに ○を つけましょう。

(　)音を 出す 20,5　　　　　(　)音が 出る 5,20

(　)音を 出す 5,20　　　　　(　)音を 出そう 5,20

② 「音を 出す 10,50」と めいれいした とき よりも、
ひくく、みじかい 音を 出す プログラムとして、正しい ものを
あ～おから すべて えらび、(　)に 書きましょう。

あ 音を 出す 5,30
い 音を 出す 10,30
う 音を 出す 10,50
え 音を 出す 20,30
お 音を 出す 30,10

(　　　　　)

月　日　時　分～　時　分

名前

点

音楽を　えんそうする　プログラムを　作ります。プログラムは、
つぎの　きまりに　したがって　作ります。

プログラムの　きまり

(1)　はじめに　「えんそうする」と　書く。

(2)　「えんそうする」の　あとに、音の　名前(ド・レ・ミ・ファ・ソ・
　　ラ・シ)を　書く。

 れい

「えんそうする　ド」
「えんそうする　ド　レ　ミ」

---

1 つぎの　もんだいに　答えましょう。　　　［ 1もん 25点 ］

① 「ミレドミレド」と　えんそうする　プログラムとして　正しい
　ものを　あ～えから　1つ　えらび、(　　)に　書きましょう。

　あ　えんそうする！ミ　レ　ド　ミ　レ　ド
　い　えんそうする：ミ　レ　ド　ミ　レ　ド
　う　えんそうする「ミ　レ　ド　ミ　レ　ド」
　え　えんそうする　ミ　レ　ド　ミ　レ　ド

（　　）

② 「シソミソレ」と　えんそうする　プログラムを、(　　)に
　書きましょう。

（　　）

2 つぎの もんだいに 答えましょう。

① つぎの 楽ふを えんそうする プログラムを 作ります。
プログラムの あいて いる ところに あてはまる 音の
名前を （　　）に 書きましょう。　　　　　　　　　[20点]

ド　ド　ソ　ソ　ラ　ラ　ソ

プログラム：
えんそうする （　　　　）ド ソ ソ ラ ラ（　　　　）

② つぎの 楽ふを えんそうする プログラムを、（　　）に
書きましょう。　　　　　　　　　　　　　　　　　[30点]

ラ　ラ　シ　　ラ　ラ　シ

プログラム：（　　　　　　　　　　　　　　　　　　　）

文字を　書く　プログラムを　作ります。プログラムは、つぎの
きまりに　したがって　作ります。

プログラムの　きまり

(1)　はじめに　「かく」と　書く。

(2)　「かく」の　あとに、書きたい　ことばを
　「" "」(ダブルクオーテーション)で　はさんで　書く。

> **れい**
>
> 　「おはよう」と　書く　プログラム
> 　→　かく "おはよう"

おはよう

---

1 つぎの　もんだいに　答えましょう。　　［1もん 20点］

①　「ありがとう」と　書く　プログラムとして、正しい　ものを
　あ〜えから　1つ　えらび、(　　)に　書きましょう。

　あ　かく：ありがとう

　い　かく「ありがとう」

　う　かく "ありがとう"

　え　かく！ありがとう

(　　)

②　「こんにちは　せかい」と　書く　プログラムを、(　　)に
書きましょう。

(

コンピュータに 計算を させ、その 答えを 書かせます。
プログラムは、つぎの きまりに したがって 作ります。

プログラムの きまり
(1) はじめに 「かく」と 書く。
(2) 「かく」の あとに、計算の しきを
「：」（コロン）で つなげて 書く。

かく：1＋1 → 2

2 つぎの もんだいに 答えましょう。　　　　　［1もん 20点］

① コンピュータに 右の 答えを 書かせる プログラムとして、
正しい ものを あ～えから 1つ えらび、（　　）に
書きましょう。

あ　かく＊4＋6
い　かく「5＋5」
う　かく：3＋7
え　かく！：2＋8

10

（　　　）

② コンピュータに 「42－19」の 答えを 書かせる
プログラムを、（　　）に 書きましょう。

（　　　　　　　　　　）

③ コンピュータの 書く 答えが 「20」に なるように、
プログラムを 考えて （　　）に 書きましょう。

（　　　　　　　　　　）

名前
点

1 数を 入れたり、出したり できる はこが あります。はこは、数字の かわりに 計算に つかう ことが できます。はこ「あ」、はこ「い」に つぎの 数が 入って いる とき、①・②の こたえを （ ）の 中に 書きましょう。

[1もん 15点]

①

（ 　　 ）

② い ＋ う

（ 　　 ）

③ う － あ － い

（ 　　 ）

④ い － あ ＋ う

（ 　　 ）

2 ロボットに 明かりを つけたり けしたり させる
プログラムを 作ります。プログラムは、つぎの きまりに
したがって 作ります。

プログラムの きまり

(1) めいれいしたい ロボットの 名前を さいしょに 書く。

(2) めいれいしたい ないようを、 ロボットの 名前の
うしろに 「!」(エクスクラメーション)で つなげて 書く。

(3) 明かりを つける ときは 「あかり1」と 書く。

(4) 明かりを けす ときは 「あかり0」と 書く。

(5) 明かりを つけたり けしたり する ときは、
「あかり1」と 「あかり0」を 「:」(コロン)で
つなげて 書く。

ソルト　　　シュガー　　　シナモン

① シュガーに 明かりを つけさせる プログラムとして、正しい
ものを ⓐ～ⓔから 1つ えらび、(　　)に 書きましょう。

[20点]

ⓐ シュガー あかりを つける

ⓘ シュガー！あかり0

ⓤ シュガー！あかり1

ⓔ シュガー 「あかり1」

(　　)

② シナモンに、明かりを つけた あと、けさせる プログラムを、
(　　)に 書きましょう。

[20点]

(　　　　　　　　　　　　　)

まとめもんだい①

1 大きさと　形の　ちがう　図形カードを　かさねて　つぎの
もようを　作ります。かさねる　じゅんとして　正しい　ものは
どれですか。（　　）に　〇を　つけましょう。

［25点］

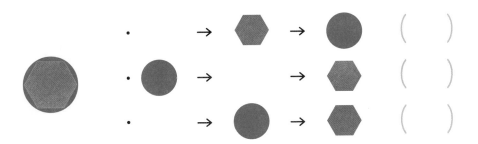

2 フローチャートを　つかって　マスに　もようを　かきます。
つぎのように　めいれいする　とき、どのような　もように
なるでしょう。あ〜えから　正しい　ものを　１つ　えらび、
（　　）に　書きましょう。

［25点］

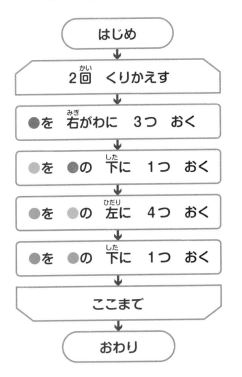

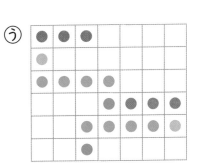

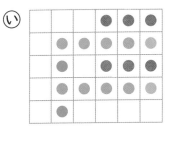

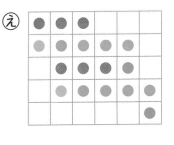

（　　）

3 分かれ道に ある ふだの 色に よって、ロボット 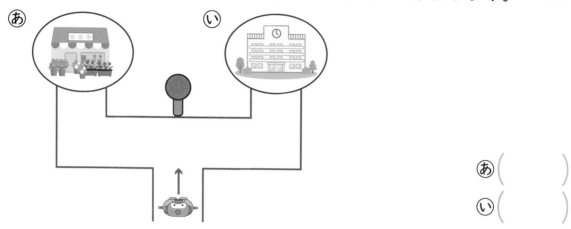 の
すすむ むきが かわります。赤の ふだが あれば 右へ、青の
ふだが あれば 左へ すすみます。つぎの 道を すすむ とき、
どこに つきますか。正しい ものに ◯を つけましょう。 [25点]

あ (　　)

い (　　)

4 フローチャートを つかって トラックの ロボット に
めいれいします。つぎのように すすめたい とき、どのような
フローチャートに すれば よいでしょう。あ・いから 正しい
ものを １つ えらび、(　　)に 書きましょう。 [25点]

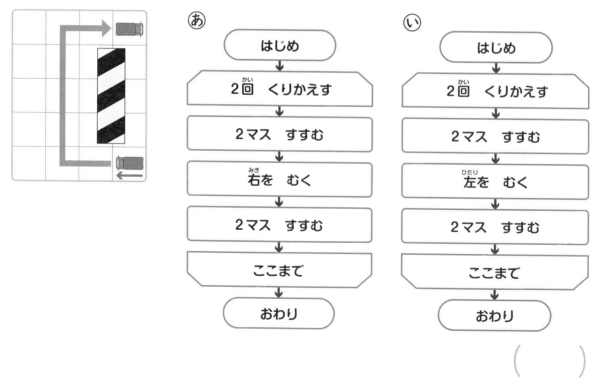

あ

はじめ

2回 くりかえす

2マス すすむ

右を むく

2マス すすむ

ここまで

おわり

い

はじめ

2回 くりかえす

2マス すすむ

左を むく

2マス すすむ

ここまで

おわり

(　　)

© くもん出版

月　日　　時　分～　時　分

名前
なまえ

点
てん

1 ロボット 🤖 は　フローチャートの　めいれい通りに　マスに
いろ
色を　ぬります。つぎのように　めいれいする　とき、ロボットは
どのように　マスを　ぬるでしょう。あ～うから　正しい　ものを
ただ
1つ　えらび、（　　）に　書きましょう。
か
[30点]
てん

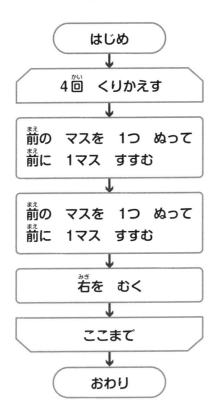

あ
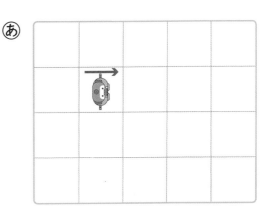

い
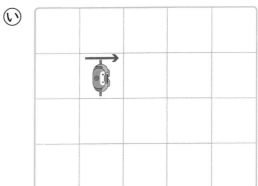

う
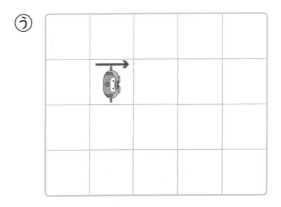

（　　　）

2 数を 入れたり、出したり できる はこが あります。
数が 入って いる はこに 新しく 数を 入れると、前に
入れた 数は 出て いきます。
つぎの とき、はこ 「あ」、はこ 「い」に 入って いる 数は
いくつですか。（　　）の 中に 書きましょう。 [1もん 20点]

①

（　　　　　）

②

（　　　　　）

3 「ピー」と いう 音を 出す プログラムを 作ります。
プログラムは、 つぎの きまりに したがって 作ります。

> プログラムの きまり
> (1) はじめに 「音を 出す」と 書く。
> (2) 「音を 出す」の あとに 数字を 書くと、音の
> 高さが かわる。数が 小さいほど 音は 高くなり、
> 数が 大きいほど 音は ひくくなる。

「音を 出す 10」と めいれいした とき よりも、ひくい
音を 出す プログラムとして、正しい ものを ⓐ～ⓒから
1つ えらび、（　　）に 書きましょう。 [30点]

ⓐ 音を 出す 3
ⓑ 音を 出す 10
ⓒ 音を 出す 25

（　　　　　）

答え

1	じゅんじ①	3・4ページ

1 ① う→え→あ→い

② あ→い→う→え　（　　）
え→あ→う→い　（　○　）
え→う→い→あ　（　　）

2 い→あ→う→お→え

3 ① 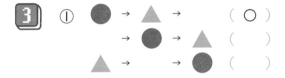 （　○　）
（　　）
（　　）

② 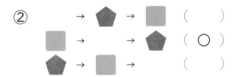 （　　）
（　○　）
（　　）

▶ポイント　●● ○

上に　ある　ものから　書いて
しまいがち　ですが、なにかを
かさねる　ときは、「下から　上」の
じゅんに　かさねます。

2	じゅんじ②	5・6ページ

1 あ → う → え → い　（　　）
あ → え → う → い　（　○　）
う → あ → え → い　（　　）

2 ① トーストを　おく（ １ ）
バターを　のせる（ 3 ）
あんこを　のせる（ 2 ）

② カレーを　かける（ 3 ）
ごはんを　もる　（ １ ）
カツを　のせる　（ 2 ）

③ ソースを　かける　　（ 3 ）
コロッケと　キャベツを
はさむ　　　　　　　（ 2 ）
パンに　切りこみを　入れる
（ １ ）

▶ポイント　●● ○

ものごとには、ふさわしい
じゅんばんが　あります。「どの
じゅんばんで　行えば
うまくいくか」を　考えることが、
プログラミングで　コンピュータに
めいれいするときの　考え方に
つながります。

 **3** じゅんじ③　　　7・8ページ

1 ① 　（ ○ ）
　　　　（ 　 ）
　　　　　　　（ 　 ）

　② 　（ ○ ）
　　　　　（ 　 ）
　　　　　（ 　 ）

2 ① 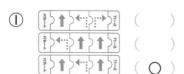　（ 　 ）
　　　　　　　　　　（ 　 ）
　　　　　　　　　　（ ○ ）

　② 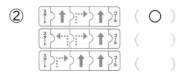　（ ○ ）
　　　　　　　　　　（ 　 ）
　　　　　　　　　　（ 　 ）

　③ 　　　　　　　　（ 　 ）
　　　　　　　　　　（ ○ ）
　　　　　　　　　　（ 　 ）

▶ポイント　　　●●

ロボットは、「ロボットから 見て
前」にすすみ、「ロボットから 見て
右（左）」に その場で むきを
かえます。
むずかしければ、もんだい用紙を
回して、ロボットが どちらを
向いているか かくにんしながら
考えるとよいでしょう。

4 じゅんじ④　　　9・10ページ

1 ① （ 　 ）　↑（ ○ ）
　② 　　（ 　 ）　↑（ ○ ）
　③ ↑（ ○ ）　　　（ 　 ）

2 ① ↑
　② ←
　③ →↑
　④ ↑→

5 じゅんじ⑤　　　11・12ページ

1 ① （イ）
　② （ア）

2 ① （ウ）
　② （イ）
　③ （ア）

▶ポイント　　　●●

フローチャートでは、
「はじめ」と「おわり」は だ円形、
「じゅんじ」の うごきは 長方形で
あらわします。

1
① （エ）
② （ウ）
③ （ア）
④ （イ）

2
① （エ）
② （ウ）
③ （ア）
④ （イ）

▶ポイント　●○

まちがいを　見つけて　直す　ことを
プログラミングでは「デバッグ」と
いいます。どこに　まちがいが
あるか　気づける　ことが、
プログラミングでは　とても
大切です。

7　くりかえし①　15・16ページ

1
① を　3回　くりかえす
　　　（　）
　 を　3回　くりかえす
　　　（○）
② を　2回
　くりかえす　　　（　）
　 を　2回
　くりかえす　　　（○）
③ を　2回
　くりかえす　　　（○）
　 を　2回
　くりかえす　　　（　）

2
① （　）
　 （○）
　 （　）

② （　）
　 （　）
　 （○）

③ （　）
　 （○）
　 （　）

④ （　）
　 （○）
　 （　）

▶ポイント　●○

2　くりかえしの　まとまりと
まとまりの　間に　せんを
引きながら　考えると
よいでしょう。

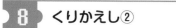

8 くりかえし②　17・18ページ

1 ① 赤（○）
青（　）
黄（　）

② 赤（　）
青（○）
黄（　）

2 ① 🦁（　）
🐵（○）
🐱（　）

② 🦒（　）
🦊（　）
🐘（○）

3 ① 🪲（　）　🦋（　）
🐌（　）　🐞（○）

② 🌼（　）　🌸（　）
✳（　）　🌷（○）

③ 🦁（　）　🦊（　）
🐱（○）　🐘（　）

▶ポイント ● ○

3 ブロックの　めいれいの
さいごが　➡ または　⬅
の　とき、ロボットは　その場で
むきを　かえる　だけで、前の
マスには　すすみません。

9 くりかえし③　19・20ページ

1 ① ☆△○ を （3）回
くりかえす。
② □✖○ を （4）回
くりかえす。

2 ① ⬆ を （2）回　くりかえす。
② ➡⬆ を （2）回　くりかえす。
③ ⬆⬅⬆ を （3）回　くりかえす。

10 くりかえし④　21・22ページ

1 ① 🦁🦁🦁🐵🐵🐵（　）
🐵🦁🦁🐵🐵🐵（　）
🦁🦁🦁🐵🐵🐵（○）

② 🐱🐱🐱🐵🐵🐵（　）
🐱🐱🦁🐱🐱🦁（　）
🐱🦁🐱🐱🦁🐵（○）

③ 🦊🐘🦊🦊🐘🐘（○）
🐱🐘🦊🐘🐘🦊（　）
🐘🐘🦊🦊🦊🦊（　）

④ 🦒🐘🦊🦒🐘🦊（　）
🦒🦒🦒🐘🐘🦊（　）
🦒🐘🦊🐘🦊🦒（○）

2 ① ➡⬆⬆ を　2回
くりかえす。
② ⬆⬅⬆ を　2回
くりかえす。
③ ⬆⬆⬅ を　3回
くりかえす。

11 くりかえし⑤　23・24ページ

1
① ア
② ウ エ
③ エ

2
① う
② あ

▶ポイント　●● ○

くりかえしの　プログラムには、
あらかじめ　きめられた　回数（かいすう）だけ
くりかえす　ものと、きめられた
ものごとが　なり立つまで　前（まえ）の
手じゅんに　もどって　くり返（かえ）す
ものが　あります。
きめられた　回数（かいすう）だけ　くりかえす
プログラムの　フローチャートでは、
⬡　と　⬡　の　間（あいだ）の
うごきが、⬡　で　きめられた
回数（かいすう）だけ　くりかえされます。

12 くりかえし⑥　25・26ページ

1
① （　）
　 （　）
　 （ ○ ）
　 （　）

② （　）
　 （　）
　 （　）
　 （ ○ ）

2
① あ
② い

13 ぶんき①　27・28ページ

1
① あ （ ○ ）
　 い （　）

② あ （ ○ ）
　 い （　）
　 う （　）
　 え （　）

2
① あ （ ○ ）
　 い （　）

② あ （　）
　 い （　）
　 う （ ○ ）
　 え （　）

14 ぶんき②　　　29・30ページ

1　① （　あ　）
　　② （　う　）

2　① （　い　）
　　② （　う　）

15 ぶんき③　　　31・32ページ

1　①　（　　）
　　　　（　○　）
　　　　（　　）

　②　（　○　）
　　　（　　）
　　　（　　）

　③　（　　）
　　　（　　）
　　　（　○　）

　④　（　○　）
　　　（　　）
　　　（　　）

2　①　（　○　）
　　　　（　　）
　　　　（　　）

　②　（　○　）
　　　（　　）
　　　（　　）

　③　（　　）
　　　（　　）
　　　（　○　）

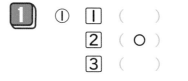

16 ぶんき④　　　33・34ページ

1　①　1　（　　）
　　　2　（　○　）
　　　3　（　　）

　②　1　（　　）
　　　2　（　　）
　　　3　（　○　）

2　① （　い　）
　　② （　お　）

17 ぶんき⑤ 35・36ページ

1
① （　い　）
② （　い　）

2
① （　2　）まい
② （　1　）まい
③ （　2　）まい
④ （　2　）まい

▶ポイント

ぶんきの　プログラムでは、
◇に　書かれた
じょうけんを　みたしているか
どうかで　つぎの　手じゅんが
かわります。
同じ　図形を　つかって、
じょうけんを　みたさないかぎり
前の　手じゅんに　もどる
「くりかえし」の　プログラムも
作ることが　できます。

18 ぶんき⑥ 37・38ページ

1
① 左
② 右

2
（　う、お　）

19 かくにんもんだい① 39・40ページ

1
い

2
① （ ○ ）
　 （　）

② （　）
　 （　）
　 （ ○ ）

3
い

4
う

20 くりかえしのある プログラム① 41・42ページ

1

（　）
（　）
（ ○ ）

2
① い
② う

<table>
</table>

21 くりかえしのある プログラム② 43・44ページ

1
① い
② あ

2
① あ
② あ

22 くりかえしのある プログラム③ 45・46ページ

1
① い
② あ

2
① あ
② い

▶ポイント ● ●

1 **2** 上に ある 図形から
えらんで しまいがち ですが、
なにかを かさねる ときは、
「下から 上」の じゅんに
かさねます。

23 くりかえしのある プログラム④ 47・48ページ

1
 (　　)
(　　)
(○)

2
① え
② あ

24 くりかえしのある プログラム⑤ 49・50ページ

1
① い
② う

2
① う
② あに いて、左を
むいて いる。 (　　)
あに いて、下を
むいて いる。 (　　)
いに いて、左を
むいて いる。 (　　)
いに いて、下を
むいて いる。 (○)

25 くりかえしとぶんきの あるプログラム① 51・52ページ

1
① い　　② え

2
① あ　　② お　　③ う

26 くりかえしとぶんきの あるプログラム② 53・54ページ

1
① え　　② あ

2
① う　　② か
③ え　　④ き

© くもん出版

1　①　い
　　②　う

2　①　あ
　　②　う

▶ポイント　　　● ○

「くりかえし」と　「ぶんき」が
くみ合わさり、プログラムが
ふくざつに　なります。
どこから　どこまでを　何回
くりかえすのか、また、くりかえす
たびに　「ぶんき」の　じょうけんを
しっかり　たしかめながら
考えましょう。

1　①　あ
　　②　い

2　①　い
　　②　あ

1　①　い
　　②　う

2　①　あ
　　②　う

▶ポイント　　　● ○

1 **2** むずかしければ、
もんだい用紙を　回して、
「ロボットから　見て　右(左)」が
どちらの　道に　なるか、
かくにんしながら　考えると
よいでしょう。

1　①　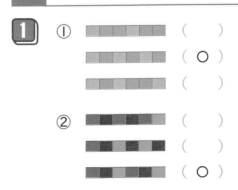

　　　　（　　）
　　　　（　○　）
　　　　（　　）

　　②
　　　　（　　）
　　　　（　　）
　　　　（　○　）

2　①　い　　②　え
　　③　か　　④　け

1 ① 1
② 3

2 ① 5
② 10
③ 8
④ 20

▶ポイント ●●○

もんだいの 「はこ」のように、名前を
つけて 数などの データを
出し入れ できる ものを 「へん数」と
いい、プログラミングでは よく
つかいます。
じっさいの へん数も、すでに 数を
入れた へん数に 新しく 数を
入れると、さいごに 入れた
数だけが のこります。
算数のように、へん数の 中で
たし算される ことは ないので、
気を つけましょう。

1 ① 5
② 9

2 ① 10
② 12
③ 15
④ 16
⑤ 18
⑥ 20

1 ① 3
② 1

2 ① 8
② 6
③ 5
④ 6
⑤ 2
⑥ 0

1 ① 8
② 10

2 ① 7
② 12
③ 14
④ 15
⑤ 17

1
① 2
② 6

2
① 6
② 6
③ 0
④ 2
⑤ 1

1
① 8
② 2

2
① 2
② 8
③ 12

▶ポイント ●○

じっさいの プログラミングでも、
すでに データを 入れた へん数を
つかって、同じ 名前の へん数に
新しく データを 入れる ことが
できます。

1
① ⑤
② ⓔ

2
① ⓘ
② ⑤

▶ポイント ●○

コンピュータに 人間の ことばを
そのまま つたえても、
コンピュータには 通じません。
コンピュータに めいれいを
つたえる ための ことばを
「プログラミング言語」といい、言語に
よって、つたえ方の ルールが
きまって います。
この もんだいでは、
プログラミング言語の ルール通りに
コンピュータに めいれいを
つたえる れんしゅうを します。

1　① (1)　⑤　　(2)　⑤

② ⑥

③ まちがった プログラム
→ あかり1：あかり0：あか~~り~~1

正しい プログラム
→ あかり1：あかり0：あかり1

1　⑤、⑥

2　① （　） 音を 出す 20,5
（　） 音が 出る 5,20
（○） 音を 出す 5,20
（　） 音を 出そう 5,20

② ⑤、⑥

1　① ⑥

② えんそうする シ ソ ミ
ソ レ

2　① えんそうする （ ド ） ド
ソ ソ ラ ラ （ ソ ）

② えんそうする ラ ラ シ
ラ ラ シ

1　① ⑤

② かく
"こんにちは せかい"

2　① ⑤

② かく：42 － 19

③ （かい答れい）
かく：10 ＋ 10
かく：30 － 10

▶ポイント　　　　　　●●

2 ③ プログラムの きまりに
したがって、計算の 答えが
20に なる プログラムを
書けて いれば せいかいです。
おうちの かたに
かくにんして もらいましょう。

1
- ① 6
- ② 20
- ③ 2
- ④ 18

2
- ① ⑤
- ② シナモン！あかり１：あかり 0

1

△ → ⬡ → ⬢ 　（　　）

⚫ → △ → ⬡ 　（　　）

　→ ⚫ → ⬡ 　（ ○ ）

2 ⓘ

3
- あ （　　）
- ⓘ （ ○ ）

4 あ

1 ⑤

2 ① 7　　② 11

3 ⑤